LA COMTESSE
DE SALISBURY

PAR

ALEXANDRE DUMAS.

Deuxième Édition.

II

PARIS
ALEXANDRE CADOT, ÉDITEUR,
32, RUE DE LA HARPE.

1848

LA COMTESSE DE SALISBURY.

Ouvrages d'Alexandre Dumas fils terminés.

LA DAME AUX CAMÉLIAS,
2 volumes in-8.

AVENTURES DE QUATRE FEMMES,
6 volumes in-8.

Sous Presse:

LE DOCTEUR SERVANS,
2 volumes in-8.

Le Roman d'une Femme,
4 volumes in-8.

JULIETTE,
2 volumes in-8.

Ouvrages de Jules Lacroix.

L'Étouffeur d'Édimbourg	2 vol. in-8.
Histoire d'une grande Dame	2 vol. in-8.
Un mauvais ange.	3 vol. in-8.
Mémoires d'une Somnambule	5 vol. in-8.

Sous Presse:

UN NOUVEAU ROMAN,
2 volumes in-8.

Sceaux. — Imprimerie de E. Depee.

LA COMTESSE
DE SALISBURY

PAR

ALEXANDRE DUMAS.

Deuxième Édition.

II

PARIS
ALEXANDRE CADOT, ÉDITEUR,
32, RUE DE LA HARPE.

1848

II.

Chacun des deux interlocuteurs avait dit vrai; Édouard III, soit hasard, soit prévoyance, n'avait pas, lorsqu'il rendit hommage au roi de France dans la cité d'Amiens, placé ses mains entre celles de

Philippe de Valois. Aussi, la cérémonie terminée, le suzerain se plaignit-il au vassal de cette omission ; celui-ci répondit qu'il ne savait pas que tel était l'usage de ses devanciers, mais qu'il allait retourner en Angleterre, et consulter les chartes et privilèges où les conditions de l'hommage étaient consignées : en effet, de retour à Londres, Edouard fut forcé de convenir qu'un point important avait été omis par lui, et consentit que les lettres-patentes qui devaient constater que tout s'était passé dans les règles corrigeassent cette omission, en certifiant, quoique la chose ne fut pas vraie, que la foi avait été jurée, *les mains du roy d'Angleterre mises entre les mains du roy de France.*

Il en résulte qu'Édouard, aussi habile casuiste que Jacques d'Artevelle, ne se croyait pas engagé par cet acte d'hommage, qui mentionnait comme entière une reconnaissance de vassalité qui véritablement était restée incomplète ; de leur côté, les villes de Flandre se trouvaient, ainsi que nous l'avons vu, par l'arbitrage du pape, engagées avec le roi de France, mais non pas avec Philippe de Valois; de sorte que, par le moyen indiqué à Édouard, elles échappaient à la fois à l'amende pécuniaire et à l'excommunication papale. Tout cela était peut-être un peu bien subtil, pour une époque où chevaliers et commerçants tenaient encore à honneur de garder fidèlement leur parole; mais cette rupture avec la France était si favorable aux intérêts d'Édouard III et de Jacques d'Artevelle, qu'il faut encore leur savoir gré d'avoir fait ce qu'ils ont pu pour donner à leurs agressions ce faux air de loyauté.

Or, les choses convenues et arrêtées comme nous l'avons dit au dernier chapitre avec Jacques d'Artevelle, Édouard III n'avait plus qu'une chose à faire avant de commencer à les mettre à exécution; c'était d'attendre le retour des ambassadeurs qu'il avait envoyés à Jean de Hainaut, son beau-père, et à monseigneur Adolphe de Lamark, évêque de Liège. Ce retour devait être des plus prochains, les envoyés ne devant pas retourner en Angleterre, mais revenir à Gand et attendre les ordres du roi, qu'ils ignoraient les avoir précédés dans cette ville, et qui ne devait pas les y attendre si le but de sa conférence avec d'Artevelle avait été manqué.

Cependant il n'en conserva pas moins son incognito; mais, désirant à tout hasard, et malgré la confiance qu'il avait en son nouvel allié, trouver, au cas de besoin, un point de défense à sa portée, il écrivit à Gauthier de Mauny de rassembler cinq cents armures de fer et environ deux mille archers, et de venir, avec cette assemblée, prendre l'île de Gadsand, qui, commandant l'embouchure de l'Escaut occidental, devait, en cas de trahison, lui offrir un lieu de retraite et de défense : cette prise devait paraître d'autant plus naturelle, qu'au premier aspect elle semblait non pas une précaution inspirée par la crainte, mais purement et simplement l'accomplissement d'une promesse faite : cette première disposition arrêtée, le roi apprit l'arrivée de ses deux ambassadeurs.

Ce ne fut pas sans inquiétude que les envoyés virent qu'Édouard lui-même les attendait à Gand; mais ils connaissaient la prudence du roi, et savaient que son caractère, tout aventureux qu'il était, ne l'entraînait jamais plus loin qu'il n'avait résolu d'aller : ils se rassurèrent donc promptement, et surtout les chevaliers, au courage desquels toute expédition hasardée était sympathique et familière; l'évêque de Lincoln seul hasarda quelques observations; mais Édouard l'interrompit, prétextant le vif désir qu'il avait de connaître le résultat de la double ambassade.

L'évêque de Liège avait refusé toute alliance contre le roi Philippe, et n'avait, quelque offre que les messagers eussent pu lui faire, voulu entendre à rien contre la France.

Quant à monseigneur le comte de Hainaut, les envoyés d'Édouard l'avaient trouvé dans son lit, où le retenait, ainsi que l'avait dit d'Artevelle, une violente attaque de goutte. Néanmoins, sachant de quelle part ils venaient et que son frère se trouvait parmi eux, il les avait fait entrer à l'instant même; puis, après les avoir écoutés avec une profonde attention, il avait répondu qu'il aurait grande joie que le roi d'Angleterre pût réussir en son dessein, attendu qu'il devait bien penser qu'il l'aimait plus chèrement, lui qui était son gendre, que le roi Philippe, son beau-frère, qui venait de le dégager de tous égards envers lui en détournant le jeune duc de Brabant du mariage arrêté depuis longtemps entre lui et Isabelle de Hainaut, pour lui donner sa propre fille ; que, par cette raison donc, il aiderait de tout son pouvoir son cher et aimé fils le roi d'Angleterre. Mais il avait ajouté que, pour la réussite d'un pareil projet, il fallait une aide plus forte que la sienne; que le Hainaut était un bien petit pays, eu égard au royaume de France, et que l'Angleterre gisait trop loin pour le secourir.

— Cher frère, avait alors interrompu Jean de Hainaut, ce que vous dites est si juste que nous ne doutons pas que les conseils que vous nous donnez ne soient les seuls à suivre ; ainsi veuillez donc dire ce qu'il nous convient de faire en cette circonstance.

— Sur mon âme, avait répondu le comte, je ne saurais aviser seigneur plus puissant pour l'aider en ses besognes que le duc de Brabant, qui est son cousin germain, puis après lui le comte de Gueldre, qui a épousé Éléonore, sa sœur; monseigneur Valrame de Juliers, l'archevêque de Cologne ; le comte de Juliers; messire Arnoult de Blankenheym et le sire de Fauquemont; car il sont tous bons guerriers, et lèveront bien, si le roi d'Angleterre veut se charger de tous les frais de la campagne, huit à dix mille armures de fer; que, si le roi, mon fils et votre sire, avait tous ces seigneurs pour lui et avec lui, je n'hésiterais pas alors de lui dire de passer la mer et d'aller combattre le roi Philippe jusqu'au-delà de la rivière d'Oise.

— Vous dites sagement, très-cher frère, et il sera fait ainsi que vous dites, avait répondu Jean de Hainaut. Et, sachant avec quelle impatience Édouard l'attendait, il était, malgré les instances du comte, parti le même jour, avec Guillaume de Salisbury, son compagnon devoyage, pour se rendre au rendez-vous donné, quoiqu'il fût loin de penser que le roi Édouard l'y attendait en personne.

Nous avons vu comment le hasard, d'accord avec les bons conseils du comte de Hainaut, avait mis d'avance le roi d'Angleterre en relation avec l'évêque de Cologne, le comte de Juliers et le sire de Fauquemont, lorsque, sous le nom de Walter, il avait assisté au souper de Jacques d'Artevelle. Édouard était depuis lors certain de trouver en eux, sauf l'agrément de l'empereur, des alliés loyaux et braves. Il n'y avait donc plus à s'occuper que du duc de Brabant et de Louis V de Bavière, qui tenait le trône impérial.

Les deux ambassades repartirent donc immédiatement ; cette fois, elles étaient adressées au duc de Brabant et à l'empereur. Les envoyés devaient invoquer auprès du duc de Brabant ses relations d'amitié et de famille, qui l'unissaient au roi d'Angleterre, et tâcher d'obtenir de lui une participation armée et agressive aux projets d'Édouard contre la France. Quant à l'empereur, ils étaient chargés de lui rappeler que Philippe de Valois, contrairement à son traité, qui lui défendait de rien acheter sur les terres de l'empire, avait acquis la forteresse de Crèvecœur en Cambrésis et le château d'Arleux-en-Puelles, et de lui dire de la part du roi Édouard que celui-ci ferait de son droit le sien, et de sa querelle la sienne, à la seule condition que l'empereur accorderait aux seigneurs qui relèveraient de lui la permission de défier le roi de France.

Cependant Gauthier de Mauny avait reçu à Londres l'ordre du roi, et s'était empressé de le mettre à exécution; outre son attachement personnel à Édouard d'Angleterre, auquel, comme nous l'avons dit, il était allié par la reine, il était prédisposé, par son caractère aventureux, à toute entreprise où il y avait courage à déployer et renommée à acquérir. L'expédition proposée était donc à la fois selon son devoir comme fidèle serviteur et selon son désir comme brave chevalier. Il fit, en conséquence, et sans perdre un instant, part de l'ordre du roi au comte de Derby, fils du comte de Lancastre au cou tors, au comte de Suffolk, à messire Regnault de Cobham, à messire Louis de Beauchamp, à messire Guillaume Fitz Warwick, et au sire de Beauclerc, qu'il avait choisis pour partager avec lui l'honneur de cette dangereuse bachellerie. Chacun aussitôt fit de son côté ses pourvoyances; des bâtiments de guerre remontèrent la Tamise jusqu'à Londres, où on les chargea d'armes et de vivres; deux mille archers furent réunis et embarqués; enfin les chevaliers et écuyers se rendirent à leur tour à bord des vaisseaux, qui désancrèrent immédiatement, et vinrent, en profitant du reflux, coucher, dès cette première marée, en face de Gravesand. Le lendemain ils ne s'arrêtèrent qu'à Margate; enfin, le troisième jour, ils entrèrent en mer, et voguèrent et nagèrent tant et si bien, à la voile et à la rame, qu'ils eurent connaissance des terres de Flandre. Aussitôt ils rallièrent leurs vaisseaux, firent toutes leurs dispositions de débarquement, et, toujours côtoyant la rive, ils arrivèrent enfin en vue de l'île de Cadsand, vers les onze heures du matin, la veille de la Saint-Martin d'hiver.

Au premier coup d'œil qu'ils jetèrent sur l'île, les chevaliers anglais s'aperçurent qu'il fallait renoncer à l'espoir de la surprendre; les sentinelles les avaient déjà aperçus et avaient donné l'alarme; de sorte qu'ils voyaient toute la garnison, qui se composait de six mille hommes au moins, sortie des remparts et se ranger en bataille sur la plage. Cependant, comme ils avaient le vent et la marée pour eux, ils jurèrent Dieu et saint Georges qu'ils approcheraient. Ils ordonnèrent donc les vaisseaux sur une seule ligne, s'armèrent et appareillèrent vivement, firent sonner les trompettes, et cinglèrent vers la ville. Dès lors il n'y eut plus de doute pour ceux de Cadsand ; d'ailleurs à mesure que les assaillants approchaient, la garnison pouvait reconnaître leurs pennons rangés en ordonnance, et les regarder faire leurs chevaliers, qui furent, en vue de côte, armés au nombre de seize.

Si les Anglais comptaient dans leurs rangs un bon nombre de chevaliers apperts et braves, leurs ennemis n'étaient pas moins riches qu'eux en hommes de courage et de science. Au premier rang on distinguait messire Guy de Flandre, frère bâtard du comte Louis, qui haranguait ses compagnons et les exhortait à bien faire ; puis le dukere de Hallewyn, messire Jean de Rhodes, et messire Gilles de l'Estriff ; et comme ils voyaient sur le pont de leurs vaisseaux les Anglais faire leurs chevaliers, ils ne voulurent point être en reste avec eux, et commencèrent d'armer les leurs ; et là furent armés, de la part des Flamands, messire Simon et Pierre Brulledent, messire d'Englemoustiers, et plusieurs autres braves compagnons et nobles hommes d'armes, si bien que lorsque les vaisseaux furent près de la plage, comme les deux partis, ardents de haine et de courage, désiraient, autant d'une part que de l'autre, en venir aux mains, il n'y eut ni sommation faite ni réponse donnée, chacun poussa son cri de guerre, et à l'instant, comme ils se trouvaient à portée, tout en continuant d'avancer pour atterrir, les archers anglais firent tomber une pluie de flèches sur ceux de l'île, si terrible et si précipitée, que, quel que fût le courage de ceux qui gardaient le havre, comme ils ne pouvaient rendre la mort qu'ils recevaient, il leur fallut reculer; car ils préféraient un combat corps à corps sur la place à cette lutte éloignée, dans laquelle les Anglais avaient tout l'avantage. Ils se retirèrent donc hors de portée du trait, et les Anglais prirent terre ; mais à peine en virent-ils la moitié sur la plage, que leurs adversaires revinrent sur eux avec un tel choc, que ceux qui avaient déjà débarqué furent obligés de reculer, de sorte que les chevaliers qui étaient encore sur les vaisseaux ne sachant où descendre, et poussés cependant par ceux qui venaient derrière eux, furent obligés de sauter dans la mer. Au même instant on entendit au milieu du tumulte la voix forte de Gauthier de Mauny qui se rejetait en avant en criant : *Lancastre au comte de Derby*. En effet, ce dernier avait reçu un coup de masse sur la tête, et dans le mouvement rétrograde qu'ils avaient fait, les Anglais l'avaient abandonné évanoui sur le champ de bataille; de sorte que les Flamands, lui voyant à la tête un heaume couronné, avaient jugé que c'était un grand seigneur, et l'emportaient déjà, lorsque Gauthier de Mauny, le voyant entre les mains des Flamands, sans attendre plus grand renfort, se rejeta de nouveau au milieu de ses adversaires, et de son premier coup de hache abattit mort à ses pieds messire Simon Brulledent, qui venait d'être fait chevalier. Ceux qui emportaient le comte de Derby le lâchèrent; il retomba sur le sable, toujours évanoui; Gauthier de Mauny lui mit le pied sur le corps, et le défendit ainsi sans reculer d'un pas, jusqu'à ce qu'il fût revenu à lui. Au reste, il n'était qu'étourdi et non blessé; de sorte qu'à peine eut-il repris ses sens qu'il se releva, ramassa la première épée venue, et se remit à combattre sans prononcer une parole, et comme si rien n'était arrivé, remettant à un autre moment de faire ses remerciements à Gauthier de Mauny, et jugeant que, pour l'heure, le mieux était de frapper durement, afin de regagner le temps perdu.

Ainsi faisait-on de toutes parts. Cependant, quoique les Flamands ne reculassent pas d'un pas encore, l'avantage était visiblement aux Anglais, grâce à leurs merveilleux archers, ces éternels artisans de leurs victoires. Ils étaient restés sur leurs vaisseaux, dominant le champ de bataille et choisissaient au milieu de la mêlée, comme ils eussent pu faire de cerfs et de daims dans un parc, ceux des Flamands qu'ils devaient percer de leurs longues flèches, si dures et si acérées que les cuirasses d'Allemagne leur résistaient seules, mais qu'elles perçaient comme du carton et du filet les jacques de cuir et les cottes de maille. De leur côté les Flamands faisaient merveille. Quoique décimés par cette pluie mortelle, dont toutleur courage ne pouvait les garantir, ils tenaient, comme nous l'avons dit, avec acharnement. Enfin, messire Guy, bâtard de Flandre, tomba à son tour sous un coup de hache du comte de Derby, et le même combat fut livré sur son corps, qui s'était engagé sur le corps de celui qui venait de l'abattre; mais cette fois avec une fortune différente; car, en le voulant secourir, le dukere de Hallewyn, messire Gilles de l'Estriff et Jean Brulledent furent tués: il ne restait donc des chefs que messire Jean de Rhodes, encore était-il blessé à la figure d'une flèche, que, n'ayant pu l'arracher entièrement parce qu'elle était entrée dans l'os, il avait cassée à deux pouces de la joue.

Il essaya d'ordonner une retraite ; mais la chose était impossible. La prise de messire Guy de Flandre, la mort de vingt-six chevaliers qui étaient tombés en le défendant, cette grêle éternelle de flèches qui pleuvait des vaisseaux au point que le rivage ressemblait à un champ tout hérissé d'épis, démoralisèrent ses soldats, qui s'enfuirent vers la ville ; alors messire Jean de Rhodes, ne pouvant faire plus, se fit tuer à son tour où s'étaient fait tuer tous les autres.

Dès ce moment il n'y eut pas combat, mais boucherie : vainqueurs et vaincus entrèrent pêle-mêle à Cadsand; on se battit de rue en rue et de maison en maison; enfermée comme elle l'était d'un côté par l'Océan, de l'autre par un bras de l'Escaut, la garnison tout entière, ne pouvant fuir, fut tuée ou se rendit prisonnière, et sur six mille hommes qui la composaient quatre mille restèrent sur le champ de bataille.

Quant à la ville, prise comme elle l'avait été, d'assaut et sans capitulation, elle fut mise au pillage ; tout ce qui avait quelque valeur fût transporté sur les vaisseaux, puis le feu mis aux maisons; les Anglais attendirent qu'elles tombassent toutes jusqu'à la dernière; puis enfin ils s'embarquèrent, laissant cette île, la veille si peuplée et si florissante, nue, déserte et rasée, comme si elle était demeurée sauvage et inhabitée depuis le jour où elle sortit du sein de la mer.

Pendant ce temps les négociations politiques avaient marché à l'égal des expéditions guerrières ; la double ambassade était revenue à Gand. Le duc de Brabant consentait à se joindre à Édouard, à la condition que celui-ci lui paierait la somme de dix mille livres sterling comptant et celle de soixante mille à terme : il s'engageait en outre à lever douze cents hommes d'armes, à la seule condition que le roi d'Angleterre paierait leur solde; de plus, il lui offrait, à titre de parent et d'allié, son château de Louvain, comme une résidence bien plus digne de lui que la maison du brasseur Jacques d'Artevelle.

Quant à Louis V de Bavière, sa réponse n'était pas moins favorable : le comte de Juliers, qu'Édouard avait adjoint à ses ambassadeurs, l'avait trouvé à Floremberg, et lui avait exposé la proposition du roi d'Angleterre. Alors Louis V avait consenti à le nommer son vicaire par tout l'empire, titre qui lui donnait le droit de faire battre monnaie d'or et d'argent à l'effigie de l'empereur, et lui conférait le pouvoir de lever des troupes en Allemagne; deux envoyés de l'empereur accompagnaient le retour de l'ambassade, afin de régler à l'instant même avec le roi d'Angleterre l'époque, le lieu et les détails de la cérémonie. Quant à messire de Juliers, l'empereur, pour lui témoigner la satisfaction qu'il éprouvait de l'ouverture dont il était l'intermédiaire, de comte qu'il était, l'avait fait marquis.

Le lendemain, Gauthier de Mauny arriva à son tour, après avoir laissé sa flotte dans le port d'Ostende; il venait annoncer à Édouard que ses ordres étaient accomplis, et qu'il pouvait faire passer la charrue et semer du blé sur la place où s'était élevé jusqu'à cette heure ce nid de pirates flamands qu'on appelait la ville de Cadsand.

II

II

Cependant le roi Philippe de Valois, contre lequel se faisaient ces grands préparatifs de guerre, ignorant qu'il était de ce qui se tramait contre lui, s'apprêtait de son côté à aller combattre outre-mer les ennemis de Dieu : la croisade avait été prêchée avec une ardeur toute nouvelle, et le roi de France, voyant, au dire de Froissard. son royaume gras, plein et dru, s'était déclaré le chef de cette sainte entreprise et s'était occupé immédiatement des moyens de l'exécuter : en conséquence. il avait préparé le plus bel appareil de guerre qui jamais eût été vu depuis Godefroy de Bouillon et le roi saint Louis : depuis 1356 il avait retenu les ports de Marseille, d'Aiguemortes, de Cette et de Narbonne, et les avait peuplés d'une telle quantité de vaisseaux, de nefs, de galères et de barges, que ces bâtiments pouvaient suffire au transport de soixante mille hommes, armes, vivres et bagages. En même temps il avait envoyé des messages à Charles-Robert, roi de Hongrie, qui était un religieux et vaillant homme, le priant de tenir ses pays ouverts, afin d'y recevoir les pèlerins de Dieu. Il en avait fait autant pour les Génois, les Vénitiens, et avait adressé pareille signification à Hugues IV, de Lusignan, qui tenait l'île de Chypre, et à Pierre II, roi d'Aragon et de Sicile : il avait fait en outre prévenir le grand-prieur de France en l'île de Rhodes, afin de pourvoir l'île de vivres, et s'était adressé aux chevaliers de Saint-Jean-de-Jérusalem, afin de trouver approvisionnée, lors de son passage, l'île de Crète, qui était leur propriété. Or tout était prêt en France et tout le long de la route; trois cent mille hommes avaient pris la croix et n'attendaient plus pour partir que le congé du chef, lorsque Philippe de Valois apprit les prétentions d'Édouard III à la couronne de France et ses premières démarches près des bonnes gens de Flandre et de l'empereur : en ce moment il lui arriva un très brave et très loyal chevalier, nommé Léon de Crainheim, lequel venait de la part du duc de Brabant :

Celui-ci, fidèle à son caractère double et cauteleux, n'avait pas plus tôt eu donné sa parole au roi Édouard, entraîné qu'il avait été par l'offre magnifique de soixante-dix mille livres sterling, qu'il avait réfléchi que, s'il échouait dans son entreprise, il restait exposé à la colère du roi de France. Il avait donc à l'instant choisi celui de ses chevaliers dont la réputation de courage et de loyauté était la mieux établie, le chargeant d'aller trouver Philippe de France et de lui dire, sur sa parole, qu'il eût à ne croire aucun mauvais rapport contre lui ; que son intention était de ne faire aucune alliance ni aucun traité avec le roi d'Angleterre ; mais que, celui-ci étant son cousin germain, il n'avait pu empêcher qu'il ne vînt faire une visite dans le pays, et une fois venu il était tout simple qu'il lui offrit son château de Louvain, comme n'eût pu manquer de le faire à son égard son cousin germain Édouard, si lui, duc de Brabant, eût été lui faire une visite en Angleterre. Philippe de Valois, qui connaissait par expérience l'homme auquel il avait affaire, conserva quelques doutes malgré ces protestations ; mais le chevalier Léon de Crainheim, dont on connaissait l'honneur et la rigidité, demanda au roi de rester comme ôtage, répondant du duc de Brabant corps pour corps, et jura sur sa vie qu'il avait dit la vérité : en conséquence, Philippe s'apaisa, et le vieux chevalier, à compter de ce jour, fut traité à la cour de France non pas en otage, mais en hôte.

Néanmoins et malgré cette promesse, Philippe, voyant que, s'il allait en voyage d'outre-mer, il mettrait son royaume en grande aventure, se refroidit aussitôt pour cette croisade, et contremanda tous les ordres donnés jusqu'à ce qu'il eût reçu des nouvelles plus positives sur les projets d'Édouard III. En attendant, comme les chevaliers et hommes liges étaient armés, il leur ordonna de rester sur le pied de guerre, de se préparer à tirer contre les chrétiens l'épée qu'ils avaient ceinte pour faire la guerre aux infidèles : en même temps il résolut de tirer parti d'une circonstance d'autant plus favorable à sa cause qu'elle pouvait susciter en Angleterre assez d'embarras pour ôter, du moins momentanément, à Édouard le désir de conquérir le royaume d'autrui, assez préoccupé qu'il serait, le cas échéant, de défendre le sien : nous voulons parler de l'arrivée à Paris du roi d'Écosse et de la reine sa femme, chassés, comme nous l'avons dit, de leur royaume, où il ne leur restait plus que quatre forteresses et une tour.

Comme notre longue et fidèle alliance avec l'Écosse tient une grande et importante place dans l'histoire du moyen-âge, il faut que nos lecteurs nous permettent de faire passer devant eux les différents évènements qui l'amenèrent, afin qu'aucun point du grand tableau que nous avons commencé de dérouler à leurs regards ne reste obscur et incompris. D'ailleurs la France, à cette époque, était déjà une si puissante machine, qu'il faut bien, si l'on veut en comprendre toute la force, jeter de temps en temps un regard sur les rouages étrangers que son mouvement engrenait avec elle.

Grâce à l'admirable ouvrage d'Augustin Thierry sur la conquête des Normands, les moindres détails de l'expédition du vainqueur d'Hastings sont populaires en France : ce sera donc à partir de cette époque seulement que nous jetterons un coup-d'œil rapide sur cette poétique terre d'Écosse, qui a fourni à Walter Scott le sujet de l'histoire la plus romanesque et des romans les plus historiques qui existent à cette heure par tout le monde littéraire.

Les rois d'Écosse, qui avaient jusquelà toujours été libres et indépendants, quoique toujours en guerre avec les rois d'Angleterre, profitant de cet évènement et de la longue lutte intérieure qui le suivit, avaient agrandi leur territoire aux dépens de leurs ennemis, et avaient conquis sur eux sinon trois provinces tout entières, du moins la majeure partie de ces trois provinces, c'est-à-dire le Northumberland, le Cumberland et le Westmoreland; mais, comme les Normands avaient pour le moment assez affaire de détruire les Saxons, ils se montrèrent faciles à l'égard des Écossais, et consentirent à la cession définitive de ces provinces, à la condition que le roi d'Écosse rendrait hommage pour elles au roi d'Angleterre, quoiqu'il demeurât pour le reste souverain libre et indépendant. C'était, au reste, la situation de Guillaume lui-même. Maître indépendant de sa conquête d'outre-mer, il tenait son grand-duché de Normandie et ses autres possessions du continent à titre de vassal du roi de France, et de cette époque avait daté la cérémonie de prestation d'hommage. Or c'est aux conditions de cet hommage qu'Édouard III croyait avoir échappé en ne mettant pas ses mains entre les mains de Philippe de Valois.

Cependant il était difficile que les choses restassent en cet état. A mesure que la tranquillité s'établit en Angleterre, Guillaume et ses successeurs tournèrent plus avidement leurs yeux vers l'Écosse, quoiqu'ils n'osassent point encore reprendre ce qu'ils avaient concédé;

mais, en échange, ils insinuèrent peu à peu que leurs voisins leur devaient hommage, non-seulement pour les trois provinces conquises, mais encore pour le reste du royaume. De là cette première période de combats qui se termina par la bataille de Newcastle, où Guillaume d'Écosse, surnommé le Lion, parce qu'il portait l'image de cet animal sur son bouclier, fut fait prisonnier et obligé, pour racheter sa liberté, de se reconnaître, non-seulement pour le Cumberland, le Westmoreland et le Northumberland, mais encore pour toute l'Écosse, vassal du roi d'Angleterre. Quinze ans après, Richard Ier, regardant cette condition comme injuste et arrachée par la force, y renonça de son plein gré, et les rois d'Écosse, se retrouvant dans leur position de souverains indépendants, ne prêtèrent plus hommage que pour les provinces conquises.

Cent quatre-vingts ans s'étaient écoulés, six rois avaient régné sur l'Écosse depuis la remise de ce droit, et comme les Anglais semblaient avoir renoncé à leur ancienne prétention de suzeraineté, aucune guerre ne s'était élevée entre les deux peuples, lorsqu'une prédiction se repandit parmi les Écossais, venant d'un sage très vénéré, ayant nom Thomas le Rimeur, que le 22 mars serait le jour le plus orageux que l'on eût jamais vu en Écosse. Ce jour arriva et s'écoula, au milieu de la terreur générale, dans une sérénité remarquable ; on commençait donc à rire de la prédiction fatale de l'astrologue, lorsque le bruit se répandit qu'Alexandre III, le dernier de ces six rois dont le règne avait été l'âge d'or pour l'Écosse, passant à cheval sur la côte de la mer dans le comté de Fife, entre Burnstisland et Rynihorn, s'était approché trop près d'un précipice, et, précipité du haut d'un rocher par un écart de son cheval, s'était tué sur le coup.

Alors chacun comprit que c'était là

l'orage prédit, et attendit la foudre qui le devait suivre.

Le coup cependant ne fut pas aussi rapide qu'on s'y attendait : Alexandre était mort sans successeur mâle ; mais une de ses filles, qui avait épousé Eric, roi de Norvége, avait eu elle-même un enfant que les historiens du temps nomment Marguerite, et les poètes la Vierge de Norvége. En sa qualité de petite-fille d'Alexandre, la couronne d'Écosse lui appartenait et lui fut effectivement dévolue.

Le roi qui régnait alors en Angleterre était Édouard I*er*, grand-père de celui que nous voyons figurer dans cette chronique. C'était un prince brave et conquérant, fort désireux d'augmenter sa puissance, soit par les armes, soit par la politique, soit, lorsque ces deux moyens lui manquaient, par la ruse. Cette fois, la Providence semblait avoir ménagé elle-même les voies de son ambition. Édouard Ier avait un fils du même nom d'Édouard II. C'est celui dont nous avons entendu raconter la mort tragique par son assassin Mautravers, devenu depuis, comme notre lecteur doit s'en souvenir, le châtelain ou plutôt le geôlier de la reine douairière Isabelle. Édouard Ier demanda la main de la vierge de Norvége pour ce fils; elle lui fut accordée; mais au moment même où les deux cours s'occupaient des préparatifs du mariage, la jeune Marguerite mourut, et comme il ne restait pas un seul descendant direct d'Alexandre III, le trône d'Écosse se trouva sans héritier.

Dix grands seigneurs, qui, par une parenté plus ou moins éloignée avec le roi mort, prétendaient à la succession vacante, rassemblèrent alors leurs vassaux, et s'apprêtèrent à soutenir leur droit par les armes. Comme on le voit, la tempête de Thomas-le-Rimeur grossissait à vue d'œil et promettait pour longtemps un ciel sombre et orageux.

La noblesse écossaise, afin de prévenir les malheurs qui devaient résulter de ces guerres civiles, résolut de choisir pour arbitre Édouard I*er*, et d'accepter pour roi celui des dix prétendants qu'il désignerait lui-même. Des ambassadeurs portèrent cette décision au roi d'Angleterre, qui, voyant le parti qu'il en pouvait tirer, accepta sur-le-champ, et, par les mêmes messagers, convoqua le clergé et la noblesse écossaise pour le 9 juin 1291, dans le château de Norham, situé sur la rive méridionale de la Tweed, à l'endroit même où cette rivière sépare l'Angleterre de l'Écosse.

Au jour dit, les prétendants se trouvèrent au rendez-vous ; de son côté, le roi Édouard ne fit pas défaut. Il traversa toute cette assemblée, qu'il dominait de la tête, car il était si grand, que les Anglais ne l'appelaient que le roi aux longues jambes, s'assit sur son trône, et fit signe au grand justicier de parler. Alors celui-ci se leva et annonça à la noblesse écossaise qu'avant que le roi Édouard prononçât son jugement, il fallait qu'elle eût à reconnaître ses droits, non-seulement comme seigneur suzerain du Northumberland, du Cumberland et du Westmoreland, ce qui n'avait jamais été contesté, mais du reste du royaume, ce qui, depuis la renonciation de Richard, avait cessé d'être un objet de contestation. Cette déclaration inattendue produisit un grand tumulte : les nobles écossais refusèrent d'y répondre avant de s'être concertés. Alors Édouard congédia l'assemblée, ne laissant aux prétendants que trois semaines pour faire leurs réflexions.

Au jour dit, l'assemblée se trouva réunie de nouveau; mais cette fois c'était de l'autre côté de la Tweed, sur le territoire écossais, dans une plaine découverte, nommée Upsettlington, que sans doute Édouard avait choisie ainsi, pour que les prétendants ne pussent arguer de contrainte. Au reste, toutes précautions avaient été prises sans doute d'avance, car cette fois, à la proposition renouvelée de reconnaître Édouard Ier comme son suzerain, nul ne fit résistance, et tous répondirent au contraire qu'ils se soumettaient librement et volontairement à cette condition.

On commença alors d'examiner les titres des candidats à la couronne. Róbert Bruce, seigneur d'Aannandale, et John Balliol, lord de Gallovay, Normands d'origine tous deux, descendant également de la famille royale d'Écosse par une fille de David, comte de Huntington, furent reconnus comme ayant les droits les mieux fondés à la couronne. Édouard fut donc prié de décider la question entre eux. Il nomma John Balliol.

Aussitôt celui-ci s'agenouilla, *mit ses mains entre celles du roi d'Angleterre, le baisa en la bouche,* et se reconnut pour son vassal et homme lige, non-seulement pour les trois provinces conquises, mais encore pour tout le royaume d'Écosse.

Sans que l'orage de Thomas-le-Rimeur fût dissipé, la foudre était tombée et avait tué la nationalité écossaise.

Balliol commença de régner ; bientôt ses actes et ses jugements portèrent l'empreinte de son caractère partial et irrésolu. Les mécontents se plaignirent, Édouard les encouragea à en appeler à lui des décisions de leur roi ; ils ne s'en firent pas faute. Édouard rassembla une masse de griefs, vrais ou faux, et somma Balliol de comparaître devant les cours d'Angleterre. A cette sommation, Balliol se sentit la velléité de redevenir homme et roi ; il refusa positivement. Édouard réclama alors, comme garantie de suzeraineté, la remise aux mains de l'Angleterre des forteresses de Berwick, de Roxburgh et de Jedburgh ; Balliol répondit en levant une nombreuse armée ; et, faisant dire à Édouard qu'il cessait de le reconnaître comme son seigneur suzerain, il franchit les limites des deux royaumes et entra en Angleterre. C'est tout ce que désirait Édouard; sa conduite depuis le jugement rendu avait visiblement tendu là; ce n'était pas assez pour lui que l'Écosse fût vassale, il la voulait esclave. Il assembla donc une armée et s'avança contre Balliol; à la première journée de marche, un cavalier suivi d'une troupe nombreuse se présenta à Édouard et demanda à prendre part à la campagne en combattant avec les Anglais. Ce cavalier était Robert Bruce, le compétiteur de Balliol.

Les deux armées se rencontrèrent près de Dumbar; les Écossais, abandonnés dès le commencement du combat par leur roi, furent vaincus. Balliol craignant d'être fait prisonnier, et traité avec la rigueur des lois de la guerre en usage à cette époque, répondit qu'il était prêt à se livrer lui-même si Édouard lui assurait la vie sauve. Cette promesse faite, il vint trouver Édouard dans le château de Roxburgh, sans manteau royal, sans armes défensive ni offensive, tenant à la main une baguette blanche pour tout sceptre, et déclara que, poussé par les mauvais conseils de la noblesse, il s'était révolté traîtreusement contre son seigneur et maître, et qu'en expiation de cette faute il lui cédait tous ses droits royaux sur la terre d'Écosse et ses habitants. A ces conditions le roi d'Angleterre lui pardonna.

C'était là ce qu'avait espéré Bruce en se joignant à Édouard. Aussi, à peine Balliol fût-il dépossédé, que son ancien concurrent, qui avait pris une part active à la victoire, se présenta devant Édouard, réclamant à son tour le trône aux mêmes conditions qu'il avait été concédé à Balliol; mais Édouard lui répondit dans son dialecte français-normand : — Croyez-vous que nous n'ayons pas autre chose à faire qu'à vous conquérir des royaumes.

Bientôt cette réponse brilla de toute la

clarté qu'Édouard n'avait pas cru devoir lui donner d'abord : il traversa en vainqueur l'Écosse de la Tweed à Édimbourg, transféra les archives à Londres, fit enlever et transporter dans l'église de Westminster la grande pierre sur laquelle une ancienne coutume nationale voulait qu'on plaçât les rois d'Écosse le jour de leur couronnement ; enfin il confia le gouvernement de l'Écosse au comte de Surrey, nomma Hughes Cressingham grand trésorier, et William Ormesby grand juge. Puis, ayant mis des commandants anglais dans toutes les provinces et des garnisons anglaises dans tous les châteaux, il s'en retourna à Londres pour veiller à la tranquillité du pays de Galles, qu'il venait de soumettre comme il avait soumis l'Écosse, et dont il avait fait pendre le dernier prince, qui n'avait cependant commis d'autre crime que d'avoir défendu son indépendance. C'est depuis cette époque que les fils aînés des rois d'Angleterre prennent invariablement le titre de princes de Galles.

Il arriva pour l'Écosse ce qui arrive pour tout pays conquis : le grand juge, partial en faveur des Anglais, rendit des jugements iniques ; le grand trésorier, traitant les Écossais non pas en sujets, mais en tributaires, extorqua en cinq ans plus d'argent que ne leur en avaient en un siècle demandé leurs quatre derniers rois ; les plaintes portées au gouverneur restèrent sans réponse, ou n'obtinrent que réponses illusoires ou outrageantes; enfin les soldats mis en garnison, traitant en tout lieu et en toute circonstance les Écossais comme des vaincus, s'emparaient de vive force de tout ce qui leur convenait, maltraitant, blessant et tuant ceux qui voulaient s'opposer à leurs capricieuses déprédations ; de sorte que l'Écosse se trouva bientôt dans cette situation fiévreuse d'un pays qui semble sommeiller dans son esclavage, mais qui n'attend qu'une circonstance pour se réveiller et un homme pour se faire libre.

— Or, quand un pays en est arrivé là, l'évènement arrive toujours, et l'homme ne manque jamais. L'évènement fut celui *des Granges d'Ayr*, l'homme fut Wallace.

Un enfant qui revenait un jour de la pêche dans la rivière d'Irrine, et qui avait pris une grande quantité de truites qu'il rapportait dans un panier, rencontra aux portes de la ville d'Ayr, trois soldats anglais qui s'approchèrent de lui et voulurent lui prendre son poisson ; l'enfant dit alors que si les soldats avaient faim, il partagerait avec eux bien volontiers, mais qu'il ne leur donnerait pas tout. Pour unique réponse, un des Anglais porta la main sur le panier ; au même instant l'enfant lui porta à la tête un si rude coup du manche de sa ligne, qu'il tomba mort ; puis aussitôt s'emparant de son épée, il s'en escrima si bien vis-à-vis des deux autres, qu'il les mit en fuite, et qu'il rapporta à la maison le produit tout entier de sa pêche, dont il avait offert la moitié. Cet enfant c'était Williams Wallace.

Six ans après cette aventure, un jeune homme traversait le marché de Lanark, donnant le bras à sa femme ; il était vêtu d'un habit de drap vert d'une grande finesse et portait à la ceinture un riche poignard : au détour d'une rue un

Anglais se trouva devant lui et lui barra le passage en disant qu'il était bien étonnant qu'un esclave écossais se permît de porter de si nobles habits et de si belles armes. Comme le jeune homme était, ainsi que nous l'avons dit, avec sa femme, il se contenta de repousser l'Anglais avec le bras, de manière à ce que celui-ci lui ouvrit le passage. L'Anglais, regardant ce geste comme une insulte, porta la main à son épée ; mais avant qu'il ne l'eût tirée du fourreau, il était tombé mort d'un coup de poignard dans la poitrine. Tout ce qu'il y avait alors d'Anglais sur la place s'élança vers le lieu où venait de se passer cette scène rapide comme un éclair ; mais la maison qui se trouvait le plus proche du jeune homme était celle d'un noble écossais ; il ouvrit sa porte au meurtrier et la referma derrière lui ; et tandis que les soldats anglais la mettaient en pièces, il conduisit le jeune homme à son jardin, d'où il gagna une vallée sauvage et pleine de rochers, nommée Cartland-Craigs, où ses ennemis n'essayèrent pas même de le poursuivre. Mais, faisant retomber sur des innocents la peine qui ne pouvait atteindre le coupable, le gouverneur de Lanark, qui se nommait Hazelrigg, déclara le jeune homme outlow ou proscrit, mit le feu à sa maison et fit égorger sa femme et ses domestiques. Le proscrit, du haut d'un rocher, vit la flamme et entendit les cris, et, à la lueur de l'incendie et au bruit des gémissements, jura une haine éternelle à l'Angleterre. Ce jeune homme, c'était Williams Wallace.

Bientôt on entendit parler dans les environs d'entreprises hardies tentées par un chef de proscrits qui, ayant rassemblé une troupe considérable d'hommes mis comme lui hors la loi, ne faisait aucun quartier aux Anglais qu'il rencontrait. Un matin on apprit qu'Hazelrigg lui-même avait été surpris dans sa maison, et qu'on lui avait laissé dans la poitrine un poignard qui portait cette incription : *A l'incendiaire et au meurtrier.*

Il n'y eut plus alors aucun doute que cette hardie entreprise ne vînt encore du même chef. On envoya contre lui des détachements entiers, qui furent battus ; et chaque fois qu'on apprenait la défaite de quelque nouveau corps d'Anglais, la noblesse écossaise s'en réjouissait tout haut, car la haine qu'on leur portait avait depuis longtemps cessé d'être un secret pour les vainqueurs. Ils prirent donc une résolution extrême. Sous prétexte de se concerter avec elle sur les affaires de la nation, le gouverneur de la province invita toute la noblesse de l'ouest à se rendre dans les *granges d'Ayr*, longue suite de vastes bâtiments où, pendant l'hiver, les moines de l'abbaye attenante rentraient leurs grains, mais qui, l'été venu, se trouvaient à peu près vides. Les nobles, sans défiance, se rendirent à cette conférence : on les invita à entrer deux à deux pour éviter la confusion. Cette mesure leur parut si naturelle qu'ils y obtempérèrent ; mais à toutes les solives un rang de cordes avait été préparé ; les soldats tenaient à la main un bout de ces cordes auquel avait été fait un nœud coulant, et à mesure que les députés entraient on leur jetait ce nœud au cou et ils étaient immédiatement pendus. L'opération se fit si habilement, que pas un cri ne prévint ceux du dehors du sort de ceux qui étaient dedans. Ils entrèrent tous et tous furent étranglés.

Un mois après cet évènement, et comme la garnison anglaise, après avoir fait ce jour-là grande chère, s'était retirée pour dormir dans ces mêmes granges où avaient ignominieusement et traîtreusement péri tant de nobles écossais, une vieille femme sortit d'une des plus pauvres maisons de la ville, monta aux granges, marqua avec un morceau de craie toutes les portes des bâtiments où se trouvaient les Anglais, et se retira sans avoir été dérangée dans cette occupation.

Derrière elle descendit de la montagne une troupe d'hommes armés dont chacun portait un paquet de cordes : ces hommes examinèrent les portes avec un grand soin, et attachèrent en dehors toutes celles qui étaient marquées d'une croix; puis, cette besogne terminée, un homme, qui paraissait le chef, alla de maison en maison pour voir si les nœuds étaient solidement faits, tandis que derrière lui un second détachement, chargé de gerbes, amoncelait la paille devant les portes et devant les fenêtres. La tournée finie, et tous les bâtiments entourés de matières combustibles, le chef y mit le feu. Alors les Anglais s'éveillèrent en sursaut, et, les granges étant de bois, ils se trouvèrent au milieu des flammes. Leur premier mouvement fut de courir aux portes; elles étaient toutes fermées. Alors à coups de hache et d'épée, ils les brisèrent; mais les Écossais étaient là en dehors, muraille de fer derrière la muraille de flammes, les repoussant dans le feu ou les égorgeant. Quelques-uns se souvinrent alors d'une porte dérobée qui conduisait dans le cloître, et se précipitèrent vers le couvent; mais, soit qu'ils eussent été prévenus d'avance, soit que, réveillés par le bruit, ils eussent deviné ce qui se passait, le prieur d'Ayr et ses moines attendaient les fugitifs dans le cloître, tombèrent sur eux l'épée à la main, et les repoussèrent dans les granges. Au même instant, les toits s'abîmèrent, et tout ce qui restait encore dans les bâtiments fut écrasé sous les mêmes solives où avaient été pendus ceux de la mort desquels ce chef de proscrits tirait à cette heure une si terrible vengeance. Ce chef, c'était encore William Wallace.

Cette action fut le signal d'une insurrection générale : les Écossais mirent à leur tête celui qui seul n'avait pas désespéré du salut de la patrie ; car, si ce n'était pas le plus noble de leurs seigneurs, c'était incontestablement le plus brave. Mais à peine avait-il rassemblé trois ou quatre mille hommes, qu'il lui fallut combattre. Le comte de Surrey s'avançait avec le grand trésorier Cressingham à la tête d'une nombreuse armée.

Wallace établit son camp sur la rive septentrionale du Forth, près de la ville de Stirling, à l'endroit même où le fleuve, déjà très large en cet endroit, puisque ce n'est que quatre ou cinq lieues plus loin qu'il se jette dans le golfe d'Édimbourg, était traversé par un étroit et long pont de bois : ce fut dans cette position qu'il attendit les Anglais.

Ceux-ci ne se firent pas attendre : dès le même jour, Wallace les vit s'avancer de l'autre côté du Forth. Surrey, en habile capitaine, comprit aussitôt la supériorité de la position de Wallace, et donna ordre de faire halte, afin de différer la bataille ; mais Cressingham, qui, en sa double qualité d'ecclésiastique et de trésorier, aurait dû laisser le régent, connu pour un habile homme de guerre, prendre toutes les mesures qu'il jugerait convenables, s'avança à cheval au milieu des soldats, disant que le devoir d'un général était de combattre partout où il rencontrait l'ennemi : l'armée anglaise, pleine d'enthousiasme, demanda alors à grands cris la bataille. Surrey fut forcé de donner le signal, et l'avant-garde, commandée par Cressingham, qui, pareil aux ecclésiastiques de ce temps, n'hésitait pas, dans l'occasion, à se servir de l'épée et de la lance, commença de traverser le pont et de se déployer sur la rive opposée.

C'était ce qu'attendait Wallace : dès qu'il vit la moitié de l'armée anglaise passée de son côté, et le pont encombré derrière elle, il donna le signal de l'attaque, chargeant lui-même à la tête de ses troupes : tout ce qui était passé fut tué ou pris ; tout ce qui passait fut culbuté, renversé du pont dans la rivière et noyé. Surrey vit que le reste de l'armée était perdu s'il ne prenait pas une grande décision ; il fit mettre le feu au pont, sacrifiant une partie de ses hommes pour sauver l'autre; car, si les Écossais avaient passé la rivière, ils eussent trouvé leurs ennemis dans un tel désordre, qu'ils en eussent fini probablement en un seul jour avec toute l'armée.

Cressingham fut retrouvé parmi les morts, et la haine qu'il inspirait fut si grande, que ceux qui le découvrirent enlevèrent la peau de son corps par lanières, et en firent des brides et des sangles pour leurs chevaux.

Quant à Surrey, comme il disposait encore de forces respectables, il fit retraite vers l'Angleterre, et cela assez rapidement pour que la nouvelle de sa défaite ne le précédât point. Il en résulte qu'il traversa la Tweed, ramenant sains et sauf les débris de son armée. Derrière lui la population se souleva en masses, et, en moins de deux mois, tous les châteaux et forteresses étaient retombés au pouvoir des Écossais.

Édouard Ier apprit ces évènements en Flandre, et repassa aussitôt en Angleterre : l'œuvre de son ambition venait d'être renversée d'un coup ; il lui avait fallu des années de ruse et de négociations pour soumettre l'Écosse, et elle venait de lui être enlevée en une seule bataille. Aussi, à peine arrivé à Londres, il reprit des mains de Surrey les débris de ses troupes, en forma le noyau d'une armée considérable, et s'avança à son tour et en personne contre les rebelles.

Pendant ce temps, Wallace avait été nommé protecteur; mais les nobles, qui l'avaient trouvé bon pour délivrer l'Écosse avec son épée, tandis qu'eux osaient à peine la défendre avec la parole, le trouvèrent de trop basse naissance pour la gouverner, et refusèrent de le suivre. Wallace fit alors un appel au peuple, et nombre de montagnards le joignirent : quelque inférieure que fût cette armée à celle d'Édouard en hommes, en armes et en tactique militaire, Wallace, convaincu que le pis en pareille circonstance était de reculer, n'en marcha pas moins directement à lui, et le rencontra près de Falkirk le 22 juillet 1298.

Les deux armées présentaient un aspect bien différent : celle d'Édouard, composée de toute la noblesse et la chevalerie du royaume, s'avançait, montée sur les magnifiques chevaux que ses hommes d'armes tiraient de son grand duché de Normandie, et escortée sur ses flancs de ces terribles archers qui, portant douze flèches dans leurs trousses, prétendaient avoir la vie de douze Écossais à leur ceinture. L'armée de Wallace, au contraire, avait à peine cinq cents hommes de cavalerie et quelques archers de la forêt d'Ettrick, placés sous les ordres de sir John Stewart de Bonkil; tout le reste se composait de montagnards mal défendus par des armures de cuir, marchant serrés et portant leurs longues piques si rapprochées les unes des autres, qu'elles semblaient une forêt mouvante. Parvenu au point où il avait résolu de livrer la bataille, Wallace fit faire halte, et, s'adressant à ses hommes : — Nous voilà arrivés au bal, leur dit-il; maintenant, montrez-moi comment vous dansez.

De son côté, Édouard s'était arrêté, et comme les avantages du terrain étaient compensés de manière à ce que ni l'un ni l'autre des deux chefs ne se livraient en attaquant, le roi anglais crut qu'il serait honteux à lui d'attendre les rebelles, et donna le signal de la bataille.

A l'instant même toute cette lourde cavalerie s'ébranla, pareille à un rocher qui roule dans un lac, et vint s'arrêter sur les longues lances des Écossais. A ce premier choc on vit tomber presque entier le premier et le second rang des Anglais; car les chevaux blessés désarçonnèrent leurs cavaliers, qui, embarrassés du poids de leurs armures, furent presque tous massacrés avant de pouvoir se relever; mais alors la cavalerie écossaise, au lieu de soutenir les hommes de pied qui faisaient si bravement leur devoir, s'enfuit, découvrant une des ailes de Wallace. A l'instant même Édouard fit avancer ses archers, qui, n'ayant plus à craindre d'être chargés par les cavaliers, purent s'approcher à une demi-portée de flèches et choisir sûrement ceux qu'il leur convenait de tuer; Wallace appela aussitôt les siens ; mais le cheval de sir John Stewart, qui les conduisait à la bataille, butta contre une racine, et jeta par-dessus sa tête son cavalier, qui se tua. Les archers n'en avancèrent pas moins. Cependant, n'ayant plus leur chef pour les diriger, ils s'exposèrent imprudemment et se firent tous tuer. En ce moment Édouard aperçut dans l'armée écossaise quelque désordre causé par la pluie de flèches dont l'accablaient ses hommes de trait ; il se mit à la tête d'une troupe choisie parmi les plus braves, chargea dans l'ouverture pratiquée par les archers, et, agrandissant de la largeur de tout son bataillon la blessure déjà faite, il pénétra jusqu'au cœur de l'armée écossaise, qui, entamée ainsi, ne put résister, et fut contrainte de prendre la fuite, laissant sur le champ de bataille sir John Graham, l'ami et le compagnon de Wallace, qui, indigné de la conduite de la noblesse, n'avait pas reculé d'un pas, et s'était fait tuer à la tête de son corps.

Quant à Wallace, il resta des derniers sur le champ de bataille, et, comme la nuit vint avant qu'on eût pu lui faire lâcher pied, non plus qu'à quelques centaines d'hommes qui l'entouraient, il disparut à la faveur de l'obscurité dans une forêt voisine, où il passa la nuit caché dans les branches d'un chêne.

Wallace, abandonné par la noblesse, l'abandonna à son tour, ne songea plus qu'à rester fidèle au pays, et se démit de son titre de protecteur; et tandis que les lords et seigneurs continuaient de combattre pour leur propre compte, ou se soumettaient, sauvant leurs intérêts particuliers aux dépens de ceux de leur pays, Wallace, traqué de montagnes en montagnes, chassé de forêts en forêts, transportant avec lui la liberté de l'Ecosse comme Énée les dieux de Troie, faisant battre, partout où il était, le cœur de la patrie, que partout ailleurs on eût pu croire morte, demeura sept ans, tout proscrit qu'il était, le rêve incessant et terrible des nuits d'Édouard, qui ne croyait pas que l'Écosse fût à lui tant que Wallace serait à l'Écosse. Enfin on promit récompenses sur récompenses à qui le livrerait mort ou vivant, et un nouveau traître se trouva parmi toute cette noblesse qui l'avait déjà trahi. Un jour qu'il dînait à Robroyston, dans un château où il croyait n'avoir que des amis, sire John Menteth, qui venait de lui offrir du pain, reposa le pain sur la table, de manière à ce que le côté plat se trouvât par-dessus ; c'était le signal convenu : les deux convives qui se trouvaient à la droite et à la gauche de Wallace le saisirent chacun par un bras, tandis que deux domestiques, debout par derrière, lui roulaient une corde autour du corps : toute résistance était impossible. Le champion de l'Écosse, garrotté comme un lion pris au piège, fut livré à Édouard, qui, par dérision, le fit comparaître devant ses juges couronné d'une guirlande verte. L'issue du procès ne fut pas douteuse : Wallace, condamné à mort, traîné sur une claie jusqu'au lieu de l'exécution, eut la tête tranchée; puis son corps fut taillé en quatre morceaux, et chaque partie exposée au bout d'une lance sur le pont de Londres.

Ainsi mourut le Christ de l'Écosse, couronné comme Jésus par ses propres bourreaux.

III

Deux ou trois ans après la mort de Wallace, et le soir d'une de ces escarmouches journalières que les vaincus et les vainqueurs continuaient d'avoir ensemble, quelques soldats anglais soupaient autour de la grande table d'une auberge; lorsqu'un noble écossais qui servait dans l'armée d'Édouard, et qui s'était battu pour lui contre les révoltés, entra dans la salle tellement affamé, que, s'étant assis à une table particulière, et s'étant fait servir, il commença de souper sans se laver les mains toutes rouges encore du massacre de la journée. Les seigneurs anglais qui avaient fini leur repas le regardaient avec cette haine qui, quoiqu'ils servissent sous les mêmes drapeaux, séparait toujours les hommes des deux nations; mais l'étranger, occupé de se rassasier, ne tenait nul compte de leur attention, lorsque l'un d'eux dit tout haut :

— Regardez donc cet Écossais qui mange son propre sang!...

Celui contre qui ces paroles étaient dites les entendit, regarda ses mains, et, voyant qu'effectivement elles étaient tout ensanglantées, il laissa tomber le morceau de pain qu'il tenait, resta un instant pensif; puis, sortant de l'auberge sans dire une seule parole, entra dans la première église qu'il trouva ouverte, s'agenouilla devant l'autel, et, ayant lavé ses mains avec ses larmes, demanda pardon à Dieu, et jura de ne plus vivre que pour venger Wallace et délivrer sa patrie. Ce fils repentant, c'était Robert

Bruce, descendant de celui-là qui avait disputé la couronne d'Écosse à Baliol, et qui était mort en léguant ses droits à ses héritiers.

Robert Bruce avait un compétiteur au trône, qui, comme lui, servait dans l'armée anglaise ; c'était sire John Comyn de Badenoch, que l'on appelait Comyn-le-Roux, pour le distinguer de son frère, à qui son teint basané avait fait donner le nom de Comyn-le-Noir. Il était en ce moment à Dumfries, sur les frontières d'Écosse. Bruce vint l'y trouver, pour le décider à se détacher de la cause anglaise et à se joindre à lui afin de chasser l'étranger. Le lieu du rendez-vous où ils devaient conférer de cette importante affaire fut choisi d'un commun accord : c'était l'église des Minorites de Dumfries. Bruce était accompagné de Lindsay et de Kirkpatrick, ses deux meilleurs amis. Ils demeurèrent à la porte de l'église, et au moment où il la poussa pour entrer ils virent par l'ouverture Comyn-le-Roux qui attendait Bruce devant le maître-autel.

Une demi-heure se passa, pendant laquelle ils se tinrent discrètement debout sous le porche, sans jeter les yeux dans l'église. Au bout de ce temps, ils virent sortir Bruce pâle et défait. Il étendit aussitôt la main vers la bride de son cheval, et ils remarquèrent que sa main était toute sanglante.

— Qu'y a-t-il donc, et qu'est-il arrivé ? demandèrent-ils tous deux.

— Il y a, répondit Bruce, que nous ne sommes pas tombés d'accord avec Comyn-le-Roux, et que je crois que je l'ai tué.

— Comment ! tu ne fais que croire ? dit Kirpatrick ; c'est une chose dont il faut être sûr, et je vais y voir.

A ces mots, les deux chevaliers entrèrent à leur tour dans l'église, et, comme effectivement Comyn-le-Roux n'était pas mort, ils l'achevèrent.

— Tu avais raison, lui dirent-ils en

sortant et en remontant à cheval ; la besogne était en bon chemin, mais elle n'était pas achevée : maintenant dors tranquille.

Le conseil était plus facile à donner qu'à suivre. Bruce venait, par cette action, d'attirer sur lui trois vengeances : celle des parents du mort, celle d'Édouard, celle de l'église. Aussi, voyant qu'il n'y avait plus rien à ménager après un pareil coup, il marcha droit à l'abbaye de Scone, où l'on couronnait les souverains d'Écosse, rassembla ses partisans, appela à lui tous ceux qui étaient disposés à combattre pour la liberté, et se fit proclamer roi le 29 mars 1506.

Le 18 mai suivant, Robert Bruce fut excommunié par une bulle du pape, qui le privait de tous les sacrements de l'église, et donnait à chacun le droit de le tuer comme un animal sauvage.

Le 20 juin de la même année, il fut complètement battu près de Methwen, par le comte de Pembroke, et, démonté de son cheval, qui venait d'être tué sous lui, il fut fait prisonnier. Heureusement celui à qui il avait rendu son épée était un Écossais, qui, en passant près d'une forêt, coupa lui-même les liens dont il était attaché, et lui fit signe qu'il pouvait fuir. Robert ne se le fit pas répéter ; il se laissa glisser de son cheval et s'enfonça dans le bois, où l'Écossais, pour n'être pas puni par Édouard, fit semblant de le poursuivre, mais se garda de le joindre. Bien lui en prit : tous les autres captifs furent condamnés à mort et exécutés. Le meurtre de Comyn-le-Roux portait ses fruits ; le sang payait le sang.

Ce fut à compter de cette heure que commença cette vie aventureuse qui donne à l'histoire de cette époque tout le pittoresque et tout l'intérêt du roman. Chassé de montagne en montagne, accompagné de la reine, proscrite comme lui, suivi de trois ou quatre amis fidèles, parmi lesquels était le jeune lord de

Douglas, appelé depuis le bon lord James, obligé de vivre de la pêche ou de la chasse de ce dernier, qui, le plus adroit de tous à ces deux exercices, était chargé de la nourriture de la troupe; marchant de dangers en dangers, sortant d'un combat pour tomber dans une embûche, se tirant de tous les périls par sa force, son adresse ou sa présence d'esprit, soutenant seul le courage de ses compagnons toujours conduits par l'illumination du prédestiné ; il passa ainsi les cinq mois d'été et d'automne, dans des courses vagabondes et nocturnes, auxquelles, au commencement de l'hiver, la reine fut près de succomber :

Bruce vit qu'il était impossible qu'elle continuât de supporter des fatigues que le froid et la neige allaient rendre plus terribles encore : il n'avait plus qu'un seul château, celui de Kildrunmer, près de la source du Don, dans le comté d'Aberdeen; il l'y conduisit avec la comtesse de Ruchau et deux autres dames de sa suite, chargea son frère Nigel Bruce de le défendre jusqu'à la dernière extrémité, et, suivi d'Édouard, son autre frère, traversant toute l'Écosse pour dérouter ses ennemis, il se retira dans l'île de Rathlin sur la côte d'Irlande. Deux mois après, il apprit que le château de Kildrunmer avait été pris par les Anglais ; que son frère Nigel avait été mis à mort, et que sa femme était prisonnière.

Ces nouvelles lui arrivèrent dans une pauvre chaumière de l'île ; elles le trouvèrent déjà accablé, et lui ôtèrent ce qui lui restait de courage et de force. Étendu sur son lit, où il s'était jeté tout désespéré et tout en larmes, voyant que la main de Dieu avait toujours pesé sur lui depuis le meurtre de Comyn-le-Roux, il se demandait si la volonté du Seigneur, qui se manifestait par tant de revers, n'était pas qu'il abandonnât cette entreprise. Et comme dans ce doute il tenait les yeux fixés au plafond avec cette fixité des grandes douleurs, alors, et ainsi qu'il arrive parfois en pareille circonstance, où machinalement, tandis que l'âme saigne, le corps est occupé d'une chose futile, sa vue s'arrêta sur une araignée qui, suspendue au bout d'un fil, s'efforçait de s'élancer d'une poutre à l'autre sans y pouvoir parvenir, et qui cependant, sans se lasser, renouvelait sans cesse cette tentative, de la réussite de laquelle dépendait l'établissement de sa toile. Cette persistance instinctive le frappa malgré lui, et, tout préoccupé qu'il était de ses malheurs, il n'en suivit pas moins du regard les efforts qu'elle faisait. Six fois elle essaya d'atteindre le but désiré, et six fois elle échoua. Bruce pensa alors que lui aussi avait fait, comme ce pauvre animal, six tentatives pour conquérir son trône, et que six fois il avait échoué. Cette singulière coïncidence le frappa, et donna à l'instant même en lui naissance à une idée aussi superstitieuse qu'étrange : il pensa que ce n'était pas sans dessein que la Providence, dans un pareil moment, lui envoyait cet exemple de patiente persistance, et, regardant toujours l'araignée, il fit vœu que, si elle réussissait dans la septième tentative qu'elle préparait, il y verrait un encouragement du ciel et continuerait son entreprise ; mais que, si, au contraire, elle échouait, il regarderait toutes ses espérances comme vaines et insensées, partirait pour la Palestine, et consacrerait le reste de sa vie à combattre contre les infidèles. Il venait mentalement d'achever ce vœu, lorsque l'araignée qui, tandis qu'il le formait, avait fait toutes ses dispositions et pris toutes ses mesures, essaya une septième tentative, atteignit la poutre et y resta cramponnée.

— La volonté de Dieu soit faite, dit Robert Bruce.

Et s'élançant aussitôt de son lit, il prévint ses soldats qu'à partir du lendemain il se remettrait en campagne.

Cependant Douglas continuait sa guerre de partisan : voyant l'hiver tirer à sa fin, il s'était remis à l'œuvre, et, accompagné de trois cents soldats, avait débarqué dans l'île d'Arran, située entre le détroit de Kilbranan et le golfe de la Clyde, avait surpris le château de Bratwich, et mis à mort le gouverneur et une partie de la garnison ; puis, usant aussitôt de son droit de conquête, il s'était établi avec ses hommes dans la forteresse, et fidèle à son goût pour la chasse, passait ses journées dans la magnifique forêt qui l'entourait. Un jour qu'il était occupé à poursuivre un daim, il entendit dans le bois même où il chassait le bruit d'un cor ; aussitôt il s'arrêta en disant :

— Il n'y a que le cor du roi qui rende ce son; il n'y a que le roi qui sonne ainsi.

Puis, au bout d'un instant, une nouvelle fanfare s'étant fait entendre, Douglas mit son cheval au galop dans la direction du bruit, et après dix minutes de marche, il se trouva face à face de Bruce, qui chassait de son côté. Depuis trois jours ce dernier avait, poursuivant sa résolution, quitté l'île de Rathlin, et depuis deux heures il avait abordé à celle d'Arran. Une vieille femme qui ramassait des coquilles sur le rivage lui avait raconté que la garnison anglaise avait été surprise par des étrangers armés, et que ces étrangers chassaient à cette heure. Bruce, tenant pour ami à lui tout ce qui était ennemi des Anglais, s'était aussitôt mis en chasse de son côté; Douglas avait reconnu son cor, et les deux fidèles compagnons s'étaient retrouvés.

A partir de ce jour, la mauvaise fortune, lassée de tant de courage, resta en arrière : sans doute la longue et cruelle expiation imposée à Bruce pour le meurtre de Comyn était accomplie, et le sang payé par le sang cessait de demander vengeance.

Cependant la lutte fut longue : il lui

fallut tour à tour vaincre la trahison et la force, l'or et le fer, le poignard et l'épée. L'Écosse conserve dans ses traditions nationales une foule d'aventures plus merveilleuses, les unes que les autres, dans lesquelles, appuyé sur son courage mais gardé par Dieu, il échappa miraculeusement aux dangers les plus terribles, profitant de chaque succès pour donner force à son parti, jusqu'à ce que, à la tête d'une armée de trente mille hommes, il attendit Édouard II dans la plaine de Sterling : car, pendant cette lutte acharnée, Édouard Ier était mort, léguant la guerre à son fils, et ordonnant, afin que la tombe ne le séparât point des batailles, que l'on fît bouillir son corps, jusqu'à ce que les os se séparassent des chairs, que l'on enveloppât ces os dans une peau de taureau, et qu'on les portât à la tête de l'armée anglaise chaque fois qu'elle marcherait contre les Écossais. Soit confiance en lui-même, soit que l'exécution de ce vœu bizarre lui parût un sacrilége, Édouard II n'exécuta point la recommandation paternelle; il fit déposer le corps du feu roi dans l'abbaye de Westminster, où de nos jours sa tombe porte encore cette inscription : *Ci-gît le marteau de la nation écossaise*, et marcha contre les rebelles, qui, comme nous l'avons dit, l'attendirent à Sterling, appuyés à la rivière de Bannockburn, dont la bataille prit le nom.

Jamais victoire ne fut plus entière pour les Écossais, et déroute plus complète pour leurs ennemis. Édouard II s'enfuit du champ de bataille à bride abattue, et poursuivi par Douglas, il ne s'arrêta que derrière les portes de Dumbar. Là le gouverneur de la ville lui procura un bateau, à l'aide duquel, longeant les côtes de Berwich, il vint débarquer dans le Havre de Bamborough en Angleterre.

Cette victoire assura sinon la tranquillité, du moins l'indépendance de l'Écosse, jusqu'au moment où Robert Bruce, quoique jeune encore, fut atteint d'une maladie mortelle. Nous avons vu, au commencement de cette histoire, comment il fit venir près de lui Douglas, que les Écossais appelaient le bon sire James, et les Anglais Douglas-le-Noir, et lui recommanda d'ouvrir sa poitrine, d'y prendre son cœur, et de le porter en Palestine. Ce dernier désir ne fut pas plus heureux que celui d'Édouard Ier; mais cette fois au moins ce ne fut pas la faute de celui qui avait reçu le vœu si le vœu ne fut pas accompli.

Édouard II périt à son tour, assassiné à Berkley par Gurnay et Mautravers, sur l'ordre ambigu de la reine, scellé par l'évèque d'Herfort ; et son fils, Édouard III, lui succéda.

Nos lecteurs ont, par les chapitres précédents, pris, nous l'espérons, une idée assez juste du caractère de ce jeune prince pour penser qu'à peine sur le trône, ses yeux se tournèrent vers l'Écosse, cette vieille ennemie que, depuis cinq générations, les rois d'Angleterre se léguaient de père en fils comme une hydre à exterminer.

Le moment était d'autant meilleur pour recommencer la guerre, que la fleur de la noblesse écossaise avait suivi James Douglas dans son pèlerinage au Saint-Sépulcre, et que la couronne était passée de la tête puissante d'un vieux guerrier à celle d'un faible enfant de quatre ans. Comme après Douglas-le-Noir, le plus courageux et le plus populaire des compagnons de l'ancien roi était Randolphe, comte de Moray, il fut nommé régent du royaume, et gouverna l'Écosse au nom de David II.

Cependant Édouard avait compris que toute la force des Écossais venait de la répugnance profonde que l'on éprouvait, de la Tweed au détroit de Pentland, pour la domination de l'Angleterre. Il résolut donc de ne s'avancer sur les terres ennemies que sous fausse bannière, et de prendre pour alliée la guerre civile : la fortune lui en avait gardé le moyen, il en profita avec son habileté coutumière.

John Baliol, qui avait d'abord été fait roi d'Écosse, puis détrôné par Édouard Ier, était passé en France, et y était mort, laissant un fils nommé Édouard Baliol; le roi d'Angleterre jeta les yeux sur lui comme sur l'homme dont le nom était le plus apte à servir de drapeau, et le mit à la tête des *lords déshérités* : deux mots suffiront pour expliquer à nos lecteurs ce que l'on entendait alors par cette dénomination.

Lorsque l'Écosse fut affranchie de la domination de l'Angleterre, grâce au courage et à la persévérance de Robert

Bruce, deux classes de propriétaires élevèrent des réclamations pour la perte de leurs biens territoriaux. Les uns étaient ceux qui, à la suite de la conquête, avaient reçu ces biens d'Édouard Ier et de ses successeurs à titre de don; les autres, ceux qui, s'étant alliés aux familles d'Écosse, les possédaient comme héritages. Édouard mit Baliol à la tête de ce parti, et tout en paraissant rester étranger à cette guerre éternelle, qui venait encore une fois frapper à la porte de l'Écosse sous un autre nom et sous un nouvel aspect, il l'appuya de son argent et de ses troupes. Pour comble de malheur, et comme si Robert Bruce avait emporté avec lui la fortune heureuse du pays, au moment où Baliol et son armée débarquaient dans le comté de Fife, le régent, Randolphe, atteint d'une maladie violente et inattendue, mourait à Musselbourg, et laissait le jeune roi livré à la régence de Donald, comte de March, qui était de beaucoup au-dessous de son prédécesseur en talents militaires et politiques.

Le comte de March venait à peine de prendre le commandement de l'armée, lorsque Édouard Baliol débarqua en Écosse, défit le comte de Fife, et, marchant plus vite que le bruit de sa victoire, arriva le lendemain soir sur les bords de la Earn, de l'autre côté de laquelle il aperçut, à la lueur des feux, le camp du régent. Il fit faire halte à sa troupe, et, lorsque les feux se furent successivement éteints, il passa la rivière, pénétra jusqu'au milieu des logis écossais, et là, trouvant toute l'armée endormie et sans défense, il commença non pas un combat, mais une boucherie telle qu'au lever du soleil il fut étonné lui-même que ses soldats eussent eu le temps physique de tuer un aussi grand nombre d'hommes, avec une troupe qui s'élevait à peine au tiers de celle qu'ils avaient surprise. Parmi les cadavres on retrouva le corps du régent et ceux de vingt-cinq ou trente seigneurs appartenant à la première noblesse d'Écosse.

Alors commença pour l'Ecosse une ère de décadence aussi rapide qu'avait été lente et laborieuse sa reconstruction nationale aux mains de Robert Bruce. Sans s'arrêter à assiéger et à prendre les forteresses, Édouard Baliol marcha droit à Scone et se fit couronner; puis, une fois roi, il rendit de nouveau hommage à Édouard III comme à son seigneur et à son maître. Celui-ci, dès-lors, ne craignit plus de lui porter ostensiblement secours, et, rassemblant une grande armée, il marcha droit à la ville de Berwick, qu'il assiégea. De son côté Archibald Douglas, frère du bon lord James, marcha au secours de la garnison, et fit halte à deux milles de la forterresse, sur une éminence nommée Halidon Hill, du haut de laquelle on dominait toute l'armée anglaise, qui se trouvait de cette façon, d'assiégeante qu'elle était, assiégée elle-même entre la garnison de Berwick et les nouveaux venus.

L'avantage de la position était tout entier aux Écossais; mais leurs jours victorieux étaient passés : cette fois encore, comme toujours, les archers anglais décidèrent de la bataille : Édouard les avait placés dans un marais où la cavalerie ne pouvait les atteindre, et tandis qu'ils criblaient de flèches les Écossais placés sur la montagne et déployés en amphithéâtre comme une immense cible, Édouard chargeait les rebelles à la tête de toute sa chevalerie, tuait Archibald Douglas, couchait sa plus brave noblesse à ses côtés sur le champ de bataille, et dispersait le reste de l'armée.

Cette journée, aussi fatale à l'Écosse que celle de Bannockburn lui avait été favorable, enleva au jeune David tout ce qui avait été reconquis par Robert. Bientôt l'enfant proscrit se trouva dans la même situation dont un miracle de courage et de persévérance avait tiré le père. Mais cette fois les chances étaient bien changées : les plus ardents patriotes, voyant un jeune homme sans expérience là où il aurait fallu un guerrier expérimenté, se crurent condamnés par cette volonté souveraine qui élève et abaisse les empires. Cependant quelques hommes ne désespérèrent pas du salut de la patrie, et continuèrent de veiller autour de la nationalité écossaise, comme devant la lampe mourante d'un tabernacle ; et tandis que Balliol reprenait possession du royaume et en faisait hommage, comme vassal, à son suzerain Édouard III, que David Bruce et sa femme venaient demander en proscrits asile à la cour de France, ces derniers soutiens de la vieille monarchie restaient maîtres de quatre châteaux et d'une tour, où continuaient de battre, comme dans un corps paralysé, du reste, les dernières artères de la nationalité écossaise. Ces quatre hommes étaient le chevalier de Liddesdale, le comte de March, sir Alexandre Ramsay de Dalvoisy, et le nouveau régent sir André Murray de Bothwell.

Quant à Édouard, méprisant une aussi faible opposition, il dédaigna de poursuivre sa conquête jusqu'au bout; laissa des garnisons dans tous les châteaux forts; et maître de l'Angleterre et de l'Irlande, suzerain de l'Écosse, il revint à Londres, où nous l'avons trouvé, en ouvrant cette chronique, au milieu des fêtes du retour et de l'enivrement de la victoire, préoccupé de son amour naissant pour la belle Alix de Granfton, auquel vint l'arracher ce projet de conquête de la France, dont il poursuivait à cette heure l'exécution en Flandre, et qui prenait, grâce à l'alliance faite avec d'Artevelle et près de l'être avec les seigneurs de l'empire, un caractère des plus alarmants pour Philippe de Valois.

Ce fut alors que le roi de France jeta les yeux, comme nous l'avons dit, sur David II et sa femme, qui étaient venus chercher un refuge, dès l'année 1332, à sa cour. Sans se déclarer encore positivement, il noua par leur intermédiaire des relations avec leurs vaillants défenseurs d'outre-mer, envoya au régent d'Écosse de l'argent, dont il manquait entièrement, et tint prêt un corps considérable de soldats, dont à l'occasion il comptait former une garde au jeune roi, lorsqu'il jugerait à propos de le faire rentrer dans son royaume.

En outre, il donna ordre à Pierre Behuchet, l'un des commissaires qui avaient été nommés par lui pour entendre les témoins dans le procès du comte Robert d'Artois, dont l'exil donnait lieu aujourd'hui à toute cette guerre, et qu'il avait fait depuis son conseiller et trésorier, de se rendre sur la flotte combinée de Hugues Quieret, amiral de France, et de Barbavaire, commandant les galères de Gènes, afin de garder les détroits et passages qui conduisaient des côtes d'Angleterre aux côtes de Flandre.

Ces précautions prises, il attendit les évènements.

Pendant ce temps, une fête splendide se préparait à Cologne : cette ville avait été choisie par Édouard III et Louis de Bavière pour la prise de possession du vicariat de l'empire par le roi d'Angleterre ; en conséquence, tous les prépatifs avaient été faits pour cette cérémonie.

Deux trônes avaient été dressés sur la grande place de la ville, et comme on n'avait pas eu le temps de se procurer le bois nécessaire à cette construction, on y avait employé deux étals de boucher, dont on avait recouvert les maculatures sanglantes avec de grandes pièces de velours brochées de fleurs d'or ; sur ce trône étaient deux riches fauteuils, dont le dossier portait les armes impériales écartelées aux armes d'Angleterre, en signe d'union ; ces dernières enchargées de celles de France. Le toit qui recouvrait en forme de dais ce double trône était celui-là même de la halle, qui avait été à cet effet encourtiné de draps d'or comme une chambre royale : en outre, toutes les maisons étaient tendues et recouvertes, ainsi qu'au jour saint de la Fête-Dieu, avec de magnifiques tapis tant de France que d'Orient, qui venaient d'Arras par la Flandre et de Constantinople par la Hongrie.

Le jour convenu pour cette cérémonie, dont les historiens ne donnent point la date, mais qu'ils fixent à la fin de l'année 1338, ou au commencement de l'année 1339, le roi Édouard III, revêtu de son costume royal, couronne en tête, mais tenant à la main, au lieu de sceptre, une épée, en signe de la mission vengeresse qu'il allait recevoir, se présenta, suivi de sa meilleure chevalerie, à la porte de Cologne qui s'ouvre sur la route d'Aix-la-Chapelle. Il y était attendu par messires de Gueldres et de Juliers, lesquels prirent à ses côtés la place que leur cédèrent l'évêque de Lincoln et le comte de Salisbury, lequel esclave de son vœu, portait toujours son œil droit caché sous l'écharpe de la belle Alix ; ils s'avancèrent au milieu des rues fleuries comme au jour des Rameaux, suivis du plus magnifique cortège que l'on eût vu depuis l'avènement au trône de Frédéric II. En arrivant sur la place, ils aperçurent en face d'eux l'appareil qui les attendait. Sur le fauteuil de droite était assis Louis de Bavière, revêtu de ses habits impériaux, tenant son sceptre à la main droite, et ayant la gauche appuyée sur un globe qui représentait le monde, tandis qu'un chevalier allemand élevait sur sa tête une épée nue. Aussitôt Édouard III descendit de cheval, franchit à pied l'espace qui le séparait de l'empereur, monta les marches qui conduisaient à lui; puis, arrivé au dernier degré, ainsi qu'il en avait été convenu d'avance entre les ambassadeurs, au lieu de lui baiser les pieds, comme c'était l'habitude en pareille occasion, il s'inclina seulement, et l'empereur lui donna l'accolade ; puis il s'assit sur le trône qui lui avait été préparé, et qui était de quelques pouces plus bas que celui de Louis V : c'était la seule marque d'infériorité à laquelle eût consenti Édouard III. Autour d'eux se rangèrent quatre grands ducs, trois archevêques, trente-sept comtes, une multitude innombrable de barons à casques couronnés, de bannerets portant bannières, de chevaliers et d'écuyers. En même temps les gardes qui fermaient les rues aboutissantes à la place quittèrent leur poste, et se rangèrent en cercle autour de l'échafaudage, laissant libres les issues par lesquelles se rua aussitôt la multitude. Chaque fenêtre qui regardait sur la place se mura de femmes et d'hommes; les toits se couronnèrent de curieux, et l'empereur et Édouard se trouvèrent le centre d'un vaste amphithéâtre qui semblait bâti de têtes humaines.

Alors l'empereur se leva, et, au milieu du plus profond silence, il prononça ces paroles, d'une voix si haute et si ferme, qu'elles furent entendues de tous :

« Nous, très haut et très puissant prince Louis V, duc de Bavière, empereur d'Allemagne par élection du sacré collège et par confirmation de la cour de Rome, déclarons Philippe de Valois déloyal, perfide et lâche, pour avoir acquis, contrairement à ses traités envers nous, le château de Crèvecœur en Cambraisis, la ville d'Arleux-en-Puelles, et plusieurs autres propriétés qui étaient nôtres; prononçons que par ces actes il a forfait, et lui retirons la protection de l'empire; transportons cette protection à notre bien-aimé fils Édouard III, roi d'Angleterre et de France, que nous chargeons de la défense de nos droits et intérêts, et auquel, en signe de procuration, nous délivrons, en vue de tous, cette charte impériale, scellée du double sceau de nos armes et de celles de l'empire. »

— A ces mots, Louis V tendit la charte à son chancelier, se rassit, reprit de la main droite le sceptre, appuya de nouveau la gauche sur le globe, et le chancelier ayant déployé la charte, la lut à son tour à haute et intelligible voix.

Elle conférait à Édouard III le titre de vicaire et lieutenant de l'empire; lui donnait pouvoir de faire droit et loi à chacun au nom de l'empereur, l'autorisait à battre monnaie d'or et d'argent, et commandait à tous les princes qui relevaient de l'empereur de faire féauté et hommage au roi anglais. Alors les applaudissements éclatèrent, les cris de bataille retentirent ; chaque homme armé, depuis le duc jusqu'au simple écuyer, frappa son écu de la lame de son épée ou de la pointe de sa lance, et, au milieu de cet enthousiasme général qu'excitait toujours dans cette vaillante chevalerie une déclaration de guerre, tous les vassaux de l'empire vinrent, selon leur rang, prêter hommage et féauté à Édouard III, comme ils avaient fait, lors de son avènement au trône d'Allemagne, au duc Louis V de Bavière.

A peine cette cérémonie fut-elle terminée, que Robert d'Artois, qui poursuivait son œuvre avec la persévérance de la haine, partit pour Mons en Hainaut, afin de donner avis au comte Guillaume que ses instructions étaient suivies, et que tout venait à bien. Quant aux seigneurs de l'empire, ils demandèrent à Édouard quinze jours pour tout délai, prirent rendez-vous en la ville de Malines, qui se trouvait un centre convenable entre Bruxelles, Gand, Anvers et Louvain, et, à l'exception du duc de Brabant, lequel, en sa qualité de souverain indépendant, se réserva de faire ses déclarations à part, au temps et au point qu'il jugerait convenable, chargèrent de leurs défiances, envers Philippe de Valois, messire Henri, évêque de Lincoln, qui partit aussitôt pour la France.

Huit jours après, le messager de guerre obtint audience de Philippe de Valois, qui le reçut en son château de Compiègne, au milieu de toute sa cour, ayant à sa droite le duc Jean, son fils, et à sa gauche messire Léon de Grainheim, qu'il avait fait appeler près de lui, moins encore pour faire honneur à ce noble vieillard que parce que, connaissant d'avance la mission de l'évêque de Lincoln, et convaincu que le duc de Brabant avait traité avec son ennemi, il voulait que son répondant assistât à cette assemblée. Au reste, tous ordres avaient été donnés pour que le héraut d'un si grand roi et de si puissants seigneurs fût reçu comme il convenait à son rang et à sa mission. De son côté, l'évêque de Lincoln s'avança au milieu de l'assemblée avec la dignité d'un prêtre et d'un ambassadeur, et, sans humilité ni fierté, mais avec calme et assurance, il défia le roi Philippe de France :

Premièrement au nom d'Édouard III, comme roi d'Angleterre et chef des seigneurs de son royaume ;

Deuxièmement au nom du duc de Gueldres ;

Troisièmement au nom du marquis de Juliers ;

Quatrièmement au nom de messire Robert d'Artois ;

Cinquièmement au nom de messire Jean de Hainaut;

Sixièmement au nom du margrave de Misnie et d'Orient;

Septièmement au nom du marquis de Brandebourg; *

Huitièmement au nom du sire de Fauquemont;

Neuvièmement au nom de messire Arnoult de Blankenheim;

Et dixièmement enfin, au nom de messire Valerand, archevêque de Cologne.

Le roi Philippe de Valois écouta avec

---

* Celui-ci était le fils même de l'empereur Louis de Bavière.

attention cette longue énumération de ses agresseurs; puis, lorsqu'elle fut finie, étonné de ne pas avoir entendu prononcer les défiances de celui qu'il soupçonnait le plus de lui être contraire :

— N'avez-vous rien à me dire en outre, répondit-il, de la part de mon cousin le duc de Brabant?

— Non, Sire, reprit l'évêque de Lincoln.

— Vous le voyez, Monseigneur, s'écria le vieux chevalier le visage radieux, mon maître a été fidèle à la parole donnée.

— C'est bien, c'est bien, mon noble ôtage, répondit le roi en tendant la main à son hôte; mais nous ne sommes point encore à la fin de la guerre. Attendons.

Puis se retournant vers l'ambassadeur : — Notre cour est vôtre, Monseigneur de Lincoln, lui dit-il, et tant qu'il vous conviendra d'y rester, vous nous ferez honneur et plaisir.

IV

Maintenant il faut que nos lecteurs nous permettent d'abandonner pour un instant le continent, où s'achèvent des deux côtés ces rudes préparatifs d'attaque et de défense, sur lesquels pouvait glisser le romancier, mais qu'il est du devoir de l'historien de raconter dans tous leurs détails, pour jeter un coupd'œil, au-delà du détroit, sur quelques autres personnages de cette chronique, que nous avons, tout importants qu'ils sont, paru momentanément oublier, pour suivre le roi Édouard de son château de Westminster à la brasserie du Ruvaert, Jacques d'Artevelle. Ces personnages sont la reine Philippe de Hainaut et la belle fiancée du comte de Salisbury, que nous avons vues un instant apparaître au banquet royal si étrangement et si brusquement interrompu par l'entrée du comte Robert d'Artois et par tous les vœux qui la suivirent.

Aussitôt que le départ du roi avait été officiellement connu dans son royaume, madame Philippe, à laquelle sa grossesse déjà avancée commandait les plus grands ménagements, et qui d'ailleurs, dans la sévérité de ses mœurs, aurait tenu pour faute tout plaisir, si innocent qu'il fût, pris en l'absence de son seigneur, s'était retirée avec sa cour la plus intime dans le château de Nottingham, situé à cent vingt milles à peu près de Londres. Là, elle passait sa vie en lectures pieuses, en travaux à l'aiguille et en discours de chevalerie avec ses dames d'honneur, parmi lesquelles sa plus constante compagne et sa plus chère confidente, contrairement à cet instinct merveilleux que possèdent les femmes pour deviner une rivale, était toujours Alix de Granfton.

Or, pendant une de ces longues soirées d'hiver où il est si doux, en face d'une large cheminée toute embrasée et pétillante, d'entendre se briser le vent aux angles des vieilles tours, tandis que notre ancienne connaissance Guillaume de Montaigu faisait sa ronde nocturne sur les murailles de la forteresse, réunies dans une grande et haute chambre à coucher, aux lambris de chêne sculpté, aux courtines raides et sombres, au lit gigantesque, après avoir renvoyé, pour être plus libres, non pas de leurs paroles, mais de leurs pensées, tout ce monde si fatigant pour un cœur plein ou un esprit occcupé, les deux amies, éclairées par une lampe dont la lueur mourait avant d'atteindre les parois rembrunies perdues dans l'obscurité, étaient restées seules, assises à droite et à gauche d'une table posée lourdement sur ses pieds tordus, et couverte d'un tapis brillant qui contrastait, par la fraîcheur de ses broderies, avec les antiques étoffes de l'appartement. Toutes deux, après avoir échangé quelques paroles, étaient tombées dans nne rêverie profonde, dont la cause, divergente dans ses résultats, partait cependant d'un même point, le vœu que chacune d'elles avait fait.

Celui de la reine, on se le rappelle, était terrible : elle avait juré, au nom de Notre Seigneur né de la Vierge et mort sur la croix, qu'elle n'accoucherait que sur la terre de France, et que, le jour de sa délivrance venu, si elle n'était pas en mesure de tenir son serment, il en coûterait la vie à elle et à l'enfant qu'elle portait. Dans le premier moment elle avait cédé à cet enthousiasme puissant qui s'était emparé de tous les convives; mais quatre mois s'étaient déjà écoulés depuis cette époque, le terme fatal approchait, et chaque tressaillement de ses entrailles rappelait à la mère le vœu imprudent qu'avait fait l'épouse.

Celui d'Alix était plus doux; elle avait juré, on se le rappelle encore, que le jour où le comte de Salisbury reviendrait en Angleterre, après avoir touché la terre de France, elle lui donnerait son cœur et sa personne. La moitié de cette promesse était inutile, le cœur était déjà donné depuis longtemps, aussi n'attendait-elle pas avec une impatience moindre que celle de la reine quelque message venant de Flandre pour annoncer que les hostilités avaient commencé, et sa rêverie, pour être moins triste, n'en était pas moins isolée et profonde; seulement chacune suivait la pente imprimée par son développement, qui, étant pour l'une la crainte et pour l'autre l'espoir, les avait conduites toutes deux dans les contrées extrêmes de l'imagination. La reine ne voyait que déserts arides et lugubres, voilés d'un ciel gris et parsemés de tombes; la comtesse, au contraire, courait, insouciante, au milieu de pelouses joyeuses, tout émaillées de ces fleurs roses et blanches avec lesquelles on tresse les couronnes des fiancés.

En ce moment neuf heures sonnèrent au beffroi du château, et, réveillée sous le marteau de bronze, chaque fille du temps sembla passer tour à tour et s'éloigner sur ces ailes frémissantes qui les emportent si rapides vers l'éternité. Au premier coup la reine avait tressailli ; puis, suivant et comptant les autres avec une tristesse qui n'était pas exempte de terreur :

— A pareille heure, à pareil jour, il y a sept ans, dit-elle d'une voix altérée, cette chambre, aujourd'hui silencieuse et tranquille, était pleine de tumulte et de cris.

— N'est-ce pas ici, dit à son tour Alix, tirée de sa rêverie par la voix de la reine, et répondant à sa pensée plutôt qu'aux paroles qu'elle entendait, qu'ont été célébrées vos noces avec monseigneur Édouard ?

— Oui, oui, c'est ici, murmura celle à qui était adressée cette question ; mais c'est à un autre évènement plus rapproché de nous que je faisais allusion, à un évènement sanglant et terrible, et qui s'est aussi passé en cette chambre, à l'arrestation de Mortimer, l'amant de la reine Isabelle.

— Oh ! répondit Alix en tressaillant à son tour et en regardant avec effroi autour d'elle, j'ai souvent entendu murmurer quelque chose de cette tragique histoire, et, je l'avouerai même, depuis que nous habitons ce château, j'ai tenté plus d'une fois d'obtenir quelques détails sur la localité où elle s'était accomplie. Mais comme aujourd'hui le roi notre seigneur a rendu à sa mère sa liberté et ses honneurs, nul n'a voulu me répondre, soit crainte, soit ignorance. Puis après une pause :

— Et vous dites que c'est ici, Madame ?... continua Alix en se rapprochant de la reine.

— Ce n'est point à moi, répondit celle-ci, de sonder les secrets de mon époux, et de chercher à deviner si madame Isabelle habite à cette heure un palais ou une prison dorée, et si cet infâme Mautravers, qu'on a placé près d'elle, a mission de lui servir de secrétaire ou de geôlier : ce que décide dans sa sagesse monseigneur le roi est bien décidé et bien fait. Je suis son humble épouse et sujette, et n'ai rien à dire ; mais les faits accomplis sont pour toujours accomplis : Dieu lui-même ne peut empêcher que ce qui fut ait été. Or, je vous le disais, Alix, c'est ici, dans cette chambre, qu'il y a sept ans, à pareil jour et à pareille heure, a été arrêté Mortimer, au moment où, se levant de ce siége peut-être où je suis assise, et en s'éloignant de cette table où nous sommes appuyées, il allait se mettre dans ce lit, où depuis trois mois je ne me suis pas à mon tour une seule fois couchée sans que toute cette scène sanglante ne fît repasser sous mes yeux, comme de pâles fantômes, les acteurs qui y ont pris part. D'ailleurs, Alix, les murs ont meilleure mémoire et sont souvent plus indiscrets que les hommes ; ceux-ci ont gardé le souvenir de tout ce qu'ils ont vu, et voilà la bouche par laquelle ils me l'ont raconté, continua la reine en montrant du doigt une entaille profonde faite dans un des pilastres sculptés de la cheminée par le tranchant d'une épée. C'est là, où vous êtes, qu'est tombé Dugdale; et si vous leviez la natte sur laquelle sont posés vos pieds, vous trouveriez sans doute la dalle encore rouge de son sang; car la lutte a été terrible, et Mortimer s'est défendu comme un lion!

— Mais, reprit Alix en reculant son fauteuil pour s'éloigner de cette place où un homme était passé si rapidement de la vie à l'agonie, et de l'agonie à la mort, mais quel était le véritable forfait de Roger Mortimer? Il est impossible que le roi Édouard ait puni d'une manière aussi terrible des relations, criminelles sans doute, mais pour lesquelles la mort, et une mort aussi affreuse que celle qu'il a subie, était peut-être une peine bien dure...

— Aussi avait-il commis autre chose que des fautes, il avait commis des crimes, et des crimes infâmes; il avait, par les mains de Gurnay et de Mautravers, assassiné le roi ; il avait, par de fausses dénonciations, fait tomber la tête du comte de Kent. Maître alors de tout le royaume, il conduisait le royaume à sa ruine ; lorsque le roi véritable, dont il usurpait le pouvoir et dont il faussait la volonté, d'enfant qu'il était, devint homme, peu à peu tout lui fut dévoilé et découvert; mais, armée, finance, politique, tout était dans les mains du favori : la lutte avec lui, comme ennemi, était la guerre civile. Le roi le traita en assassin, et tout fut dit. Une nuit que le parlement était rassemblé dans cette ville, et que la reine et Mortimer habitaient ce château, bien gardé par leurs amis, le roi séduisit le gouverneur, et par un souterrain qui aboutit à cette chambre, et qui s'ouvre je ne sais où, mais dans une partie cachée de cette boiserie, que je n'ai pu retrouver malgré mes recherches, il pénétra ici à la tête d'une troupe d'hommes masqués, parmi lesquels étaient Henri Dugdale et Gauthier de Mauny. La reine était déjà couchée, et Roger Mortimer allait la rejoindre, lorsqu'il vit tout à coup un panneau glisser et s'ouvrir; cinq hommes masqués se précipitèrent dans la chambre, et tandis que deux couraient aux portes, qu'ils fermaient en dedans, les trois autres s'avancèrent vers Mortimer, qui, sautant sur son épée, renversa mort du premier coup Henri Dugdale, qui étendait la main pour le saisir. En même temps, Isabelle sauta en bas du lit, oubliant qu'elle était demi-nue et enceinte, ordonnant à ces hommes de se retirer, et criant qu'elle était la reine.

—C'est bien, dit l'un d'eux en ôtant son masque; mais si vous êtes la reine, Madame, moi je suis le roi.

Isabelle jeta un cri en reconnaissant Édouard, et tomba sans connaissance sur le plancher. Pendant ce temps, Gauthier de Mauny désarmait Roger; et comme les cris de la reine avaient été entendus, et que la garde accourue aux portes, les voyant fermées, commençait à les enfoncer à coups d'épée et de masse, ils emportèrent Roger Mortimer, lié et bâillonné, dans le passage souterrain, repoussèrent le panneau boisé ; de sorte que ceux qui entrèrent trouvèrent Dugdale mort et la reine évanouie ; mais de Roger Mortimer et de ceux qui l'avaient enlevé, aucune trace. On le chercha vainement ; car la reine n'osait dire que son fils était venu lui prendre son amant jusque dans son lit. De sorte qu'on n'eut de ses nouvelles que par le jugement qui le condamnait à mort, et qu'on ne le vit reparaître que sur l'échafaud, où le bourreau lui ouvrit la poitrine pour en arracher le cœur, qu'il jeta dans un brasier, abandonnant le corps sur un gibet, où deux jours et deux nuits il fut exposé aux regards et aux injures de la populace, jusqu'à ce que le roi, pardonnant enfin au cadavre, permît aux frères Mineurs de Londres de l'ensevelir dans leur église. Voilà ce qui s'est passé ici il y a sept ans à pareille heure. N'avais-je pas raison de vous dire que c'était un évènement terrible?

— Mais ce souterrain, dit Alix, ce panneau caché?...

— J'en ai parlé une fois seulement au roi, et il m'a répondu que le souterrain était muré et que le panneau ne s'ouvrait plus.

— Et vous osez rester dans cette chambre, Madame? dit Alix.

— Qu'ai-je à craindre, n'ayant rien à me reprocher? dit la reine, déguisant mal, sous la tranquillité de sa conscience, les terreurs qu'elle éprouvait malgré elle. D'ailleurs cette chambre, comme vous l'avez dit, garde un double souvenir, et le premier m'est si cher qu'il combat le second, quelque terrible qu'il soit.

— Quel est ce bruit? s'écria Alix saisissant le bras de la reine, tant la crainte lui faisait oublier le respect.

— Des pas qui s'approchent, et voilà tout. Voyons, rassurez-vous, enfant.

— On ouvre la porte, murmura Alix.

— Qui est là? dit la reine se tournant du côté d'où venait le bruit, mais ne pouvant découvrir dans l'obscurité celui qui le causait.

— Son Altesse veut-elle me permettre de l'assurer que tout est tranquille au château de Nottingham, et qu'elle peut reposer sans crainte?

— Ah! c'est vous, Guillaume! s'écria Alix; venez ici.

Le jeune homme, qui ne s'attendait

pas à cette invitation pressante faite d'une voix émue, et dont il ne comprenait pas l'émotion, demeura d'abord interdit, puis s'élança vers Alix.

— Qu'y a-t-il, Madame ? qu'avez-vous, et que désirez-vous de moi ?

— Rien, Guillaume, répondit Alix avec un accent dont elle avait pris cette fois le temps de calmer les intonnations, rien ; la reine seulement désire savoir si vous n'avez rien vu de suspect dans votre ronde nocturne.

— Eh ! que voulez-vous que je rencontre de suspect en ce château, Madame ? répondit en souriant Guillaume. La reine est au milieu de ses fidèles sujets, et vous, Madame, d'amis dévoués, et je ne suis point assez heureux pour avoir à exposer ma vie afin de vous épargner même un déplaisir.

— Croyez-vous que nous ayons besoin du sacrifice de votre vie pour croire à la sincérité de votre dévoûment, messire Guillaume? dit en souriant la reine, et qu'il faille un évènement qui la trouble pour que nous soyons reconnaissantes des soins que vous donnez à notre tranquillité?

— Non, Madame, reprit Guillaume; mais si heureux et fier que je sois de rester près de vous, je n'en suis pas moins honteux quelquefois au fond du cœur, du peu de chose que je fais en veillant à votre sûreté, qui ne court aucun risque, lorsque le roi et tant de chevaliers favorisés vont gagner du renom et revenir dignes de celles qu'ils aiment; et tandis que moi, qu'on traite en enfant; et qui cependant me sens le courage d'un homme, si j'étais assez malheureux pour aimer, je devrais cacher cet amour au plus profond de mon âme, me reconnaissant indigne que l'on y répondît.

— Eh bien! tranquillisez-vous, Guillaume, dit la reine, tandis qu'Alix, à qui n'avait point échappé la passion du jeune bachelier, gardait le silence, si nous tardons encore un jour seulement à recevoir des nouvelles d'outre-mer, nous vous enverrons en chercher, et rien ne vous empêchera de faire, avant de revenir, quelque belle emprise de guerre, que vous nous raconterez à votre retour.

— Oh! Madame, Madame? s'écria Guillaume, si j'étais assez heureux pour obtenir une telle faveur de votre Altesse, après Dieu et ses anges, vous seriez ce qu'il y aurait de plus sacré pour moi sur la terre.

Guillaume de Montaigu achevait à peine ces mots, qu'il avait prononcés avec cet accent d'enthousiasme qui n'appartient qu'à la jeunesse, que le qui-vive de la sentinelle placée au-dessus de la porte du château, prononcé à haute voix, retentit jusque dans la chambre des deux dames, et leur annonça que quelque étranger s'approchait de la porte extérieure.

— Qu'est cela? dit la reine.

— Je ne sais, mais je vais m'en informer, Madame, répondit Guillaume, et si Votre Altesse le permet, je reviendrai aussitôt lui en rendre compte.

— Allez, dit la reine, nous vous attendons.

Guillaume obéit, et les deux femmes, retombées dans cette rêverie dont les avait tirées la cloche qui sonnait neuf heures, demeurèrent en silence, renouant le fil de leurs pensées, interrompu par le récit de la catastrophe qu'avait racontée la reine, mais dont la présence de Guillaume et la conversation qui en fut la suite avaient, sinon chassé tout-à-fait, du moins quelque peu éloigné les tristes impressions. Il en résulta que, ne regardant point le qui-vive jusqu'à elles parvenu comme le signal d'un évènement de quelque importance, elles n'entendirent même pas Guillaume qui rentrait; celui-ci s'approcha de la reine, et voyant qu'on tardait à l'interroger :

— Je suis bien malheureux, Madame,

dit-il, et rien de ce que j'espère ne m'adviendra jamais sans doute, car voilà les nouvelles que je devais aller chercher qui arrivent. Décidément je ne suis bon qu'à garder les vieilles tours de ce vieux château, et il faut que je me résigne.

— Que dites-vous, Guillaume? s'écria la reine, et que parlez-vous de nouvelles? serait-ce quelqu'un de l'armée?

Quant à Alix, elle ne dit rien, mais elle regarda Guillaume d'un air si suppliant, qu'il se tourna vers elle et répondit à son silence plutôt encore qu'à la question de la reine, tant ce silence lui paraissait interrogateur et pressant :

— Ce sont deux hommes qui disent qu'ils en viennent du moins, et qui se prétendent chargés d'un message du roi Édouard. Doivent-ils être introduits devant vous, Madame ?

— A l'instant même, s'écria la reine.

— Malgré l'heure avancée ? dit Guillaume.

— A toute heure du jour et de la nuit, celui qui m'arrive de la part de mon seigneur et maître est le bien venu.

— Et doublement bien venu, je l'espère, dit, de la porte, une voix jeune et sonore, n'est-ce pas, belle tante, lorsqu'il s'appelle Gauthier de Mauny et qu'il apporte de bonnes nouvelles ?

La reine jeta un cri de joie et se leva, tendant la main au chevalier, qui, la tête nue et débarrassée de son casque, qu'il avait remis en entrant à quelque page ou écuyer, s'avança vers les deux dames. Quant à son compagnon, il demeura près de la porte, le heaume au front et la visière baissée. La reine était si émue qu'elle vit le messager de bonheur s'incliner devant elle, qu'elle sentit ses lèvres se poser sur sa main, sans oser lui faire une seule question. Quant à Alix, elle tremblait de tous ses membres. Pour Guillaume, devinant ce qui se passait dans son cœur, il s'était appuyé contre la boiserie, sentant ses genoux faiblir, et cachait dans l'ombre la pâleur de son visage et le regard ardent qu'il fixait sur elle.

— Et vous venez de la part de mon seigneur? murmura enfin la reine; dites-moi, que fait-il?

— Il vous attend, Madame, et m'a chargé de vous conduire à lui.

— Dites-vous vrai? s'écria la reine : il est donc entré en France?

— Non pas lui encore, belle tante, mais bien nous, qui avons été y choisir pour berceau à votre fils le château de Thun, c'est-à-dire une véritable aire d'aigle, un nid comme il convient à un rejeton royal.

— Expliquez-vous Gauthier ; car je n'y comprends rien, et je suis si heureuse que je crains que tout cela ne soit un songe ? Mais pourquoi ce chevalier qui vous accompagne n'ôte-t-il pas son casque et ne s'approche-t-il pas de nous? craindrait-il, compagnon de pareilles nouvelles, d'être mal reçu de notre personne royale ?

— Ce chevalier a fait un vœu, belle tante, comme vous, comme madame Alix, qui ne dit mot et qui me regarde. Allons, rassurez-vous, continua-t-il en s'adressant à cette dernière, il est vivant et bien vivant quoiqu'il ne voie le jour que d'un œil.

— Merci, dit Alix en soulevant enfin le poids qui pesait sur sa poitrine, merci. Maintenant dites-nous où en est le roi, où en est l'armée?

— Oui, oui, dites, Gauthier, reprit vivement la reine; les dernières nouvelles qui nous sont arrivées de Flandre sont celles des défiances envoyées au roi Philippe de Valois. Que s'est-il passé depuis?

— Oh! pas grand'chose d'important, répondit Gauthier; seulement, comme malgré ces défiances et la parole donnée, les seigneurs de l'empire tardaient à venir au rendez-vous, et que de jour en jour nous voyions le visage du roi devenir plus sombre, il nous vint dans l'idée, à Salisbury et à moi, que cette tristesse croissante lui était inspirée par le souvenir du vœu que vous aviez fait, et que, malgré son impatience, il ne pouvait vous aider à acquitter. Alors, sans en rien dire à personne, nous prîmes environ quarante lances de bons compagnons sûrs et hardis, et, partant du Brabant, nous chevauchâmes tant nuit et jour que nous traversâmes le Hainaut, mîmes en passant le feu à Mortagne, et que, laissant Condé derrière, nous passâmes l'Escaut et vînmes nous rafraîchir en l'abbaye de Denain; puis enfin arrivâmes à un fort et beau château qui relève de France et qu'on appelle Thun-l'Évêque ; nous en fîmes le tour pour l'examiner en tout point, et, ayant reconnu que c'était justement ce qu'il vous fallait, belle tante, nous mîmes nos chevaux au galop, et Salisbury et moi en tête nous entrâmes dans la cour, où nous trouvâmes la garnison, qui, nous reconnaissant pour ce que nous étions, fit mine de se défendre et rompit quelques lances pour ne pas avoir l'air de se rendre sans coup férir. Nous visitâmes aussitôt l'intérieur pour voir s'il n'y avait pas quelque chose à commander pour le rendre digne de sa destination. Le châtelain venait de le faire encourtiner à neuf pour sa femme ; de sorte qu'avec l'aide de Dieu, belle tante, vous y serez aussi à l'aise pour donner un héritier à monseigneur le roi que si vous étiez dans votre château de Westminster ou de Grenwich. Aussi y mîmes-nous aussitôt bonne garnison, commandée par mon frère, et revînmes-nous en toute hâte vers le roi lui dire où en étaient les choses, et lui dire qu'il eût à ne plus s'inquiéter.

— Ainsi donc, murmura timidement Alix, le comte de Salisbury a tenu fidèlement son vœu.

— Oui, Madame, dit à son tour l'autre chevalier, s'approchant d'elle, détachant son casque et mettant un genou en terre ; — maintenant tiendrez-vous le vôtre ?

Alix jeta un cri. Ce second chevalier, c'était Pierre de Salisbury, qui revenait le front à moitié couvert par l'écharpe que lui avait donnée Alix, et qui ne l'avait pas quitté depuis le jour du vœu, ainsi que l'attestaient quelques gouttes de sang tombées d'une légère blessure qu'il avait reçue à la tête.

Quinze jours après, la reine débarquait sur les côtes de Flandre, accompagnée par Gauthier de Mauny, et Pierre de Salisbury recevait, dans son château de Vark, la main de la belle Alix.

Ce furent les deux premiers vœux accomplis parmi tous ceux qui avaient été jurés sur le héron.

V

Cependant, comme nous l'avons dit, malgré l'enthousiasme avec lequel ils avaient entrepris cette guerre, les seigneurs de l'empire se faisaient grandement attendre ; mais Édouard avait pris patience, grâce à l'appertise de Gauthier de Mauny; il avait donc fait conduire avec une sûre garde madame Philippe de Hainaut au château de Thun-l'Évêque, où elle était, selon son vœu, accouchée sur la terre de France d'un fils qui reçut le nom de Jean, duc de Lancastre. Puis, ses relevailles faites, elle était venue à Gand, où elle habitait le château du comte situé sur le marché du Vendredi.

Tous ces retards laissaient à Philippe de Valois le temps de se prémunir contre une guerre qui aurait eu besoin, pour amener la réussite qu'en espérait Édouard, d'être conduite avec la rapidité et le silence d'une invasion imprévue. Mais l'état de France n'est point un de ces royaumes qu'on vole dans une nuit, et qui se réveille un matin ayant changé de maître et de drapeau. A peine défié par les seigneurs de l'empire, Philippe, qui dans l'attente de cette déclaration de guerre, avait rassemblé son armée en France et ouvert ses négociations en Écosse, envoya de grandes garnisons au pays de Cambraisis, où l'entreprise de Gauthier et du comte de Salisbury lui indiquait que seraient les premiers assauts. En même temps il fit saisir la comté de Ponthieu, que le roi Édouard tenait du chef de sa mère, et envoya des ambassadeurs aux différents seigneurs de l'empire, et entre autres au comte de Hainaut, son neveu qui venait d'hériter sa comté, Guillaume son père étant mort de l'attaque de goutte dont nous l'avons vu atteint au moment où il reçut les ambassadeurs du roi Édouard, au duc de Lorraine, au comte de Bar, à l'évêque de Metz et à monseigneur Adolphe de la Mark, afin qu'ils n'entrassent point dans la ligue qui se faisait contre lui. Les quatre derniers répondirent qu'ils avaient déjà refusé au roi Édouard le concours qu'il leur avait demandé. Quant au comte de Hainaut, il répondit directement et par lettres que, comme il relevait à la fois de l'empire d'Allemagne et du royaume de France, tant qu'Édouard combattrait sur les terres de l'empereur, comme vicaire de l'empire, il serait l'allié d'Édouard ; mais que dès qu'Édouard entrerait au royaume de France, il se rallierait aussitôt à Philippe de Valois et lui aiderait à défendre son royaume, prêt qu'il était à tenir ainsi son double engagement envers ses deux seigneurs. Enfin il fit prévenir Hugues Quieret, Nicolas Behuchet et Barbevaire, commandants de sa flotte, que les défiances étaient faites, et la guerre ouverte entre la France et l'Angleterre ; qu'en conséquence il leur donnait congé de courir sus aux ennemis, et de leur faire le plus de mal qui serait en leur pouvoir. Les hardis pirates n'eurent pas besoin qu'on leur redît la chose à deux fois ; ils firent voile vers les côtes d'Angleterre, et un dimanche matin, tandis que tous les habitants étaient à la messe, ils entrèrent dans le havre de Southampton, descendirent à terre, prirent et pillèrent la cité, enlevèrent filles et femmes, chargèrent leurs vaisseaux de butin ; puis remontèrent dessus, et au premier flux de la mer, ils s'éloignèrent rapides comme des oiseaux de carnage, emportant dans leurs serres la proie sur laquelle ils s'étaient abattus.

De son côté, le roi d'Angleterre était parti de Malines avec toute son assemblée, et était arrivé à Bruxelles, où siégeait le duc de Brabant, afin de savoir de lui-même jusqu'à quel point il pouvait compter sur les promesses qu'il lui avait faites. Il y trouva Robert d'Artois, qui, toujours infatigable dans son projet de guerre, arrivait de Hainaut. De ce côté les nouvelles étaient bonnes ; le jeune comte, poussé par son oncle Jean de Beaumont, armait incessamment, et se tenait prêt à entrer en campagne. Quant au duc de Brabant, il paraissait toujours dans les mêmes dispositions ; et comme Édouard lui dit que son intention était d'aller mettre le siège autour de Cambrai, il s'engagea sur serment à venir le rejoindre devant cette ville avec douze cents lances et huit mille hommes d'armes. Cet engagement suffit à Édouard, qui, ayant nouvelle que les seigneurs de l'empire s'avançaient de leur côté, n'hésita plus à se mettre en route, vint coucher la première nuit en la ville de Nivelle, et le lendemain soir arriva à Mons, où il trouva le jeune comte Guillaume, son beau-frère, et messire Jean de Beaumont, son maréchal, en la terre de Hainaut, qui s'était chargé, par son vœu, de conduire l'armée jusque sur les terres de France.

Édouard s'arrêta deux jours à Mons, où lui et sa suite, qui se composait d'une vingtaine de hauts barons d'Angleterre, furent grandement fêtés par les comtes et chevaliers du pays. Pendant ces deux jours, toutes ses troupes, qui logeaient à même le pays, le rejoignirent; de sorte que, se trouvant à la tête d'une puissante assemblée, il marcha vers Valenciennes, où il entra, lui douzième seulement, laissant son armée campée aux alentours de la ville : il y avait été précédé par le comte de Hainaut, par messire Jean de Beaumont, le sire d'Enghien, le sire de Fagnoelles, le sire de Verchin, et plusieurs autres seigneurs qui vinrent au-devant de lui jusqu'aux portes. Quant au comte de Hainaut, il l'attendait au haut des marches du palais, entouré de toute sa cour.

Arrivé sur la grande place, le roi Édouard s'arrêta devant la façade ; alors l'évêque de Lincoln éleva la voix et dit :

— Guillaume d'Auxonne, évêque de Cambrai, je vous admoneste comme procureur du roi d'Angleterre, vicaire de l'empereur de Rome, que vous vouliez ouvrir la cité de Cambrai; autrement, vous forfaites à l'empire, et nous y entrerons par force.

Et comme nul ne répondit à cette parole, attendu que l'évêque était absent, monseigneur de Lincoln continua et dit :

— Comte Guillaume de Hainaut, nous vous admonestons, de par l'empereur de Rome, que vous veniez servir le roi d'Angleterre, son vicaire, devant la cité de Cambrai, qu'il va assiéger avec ce que vous lui devez de gens.

Et le comte de Hainaut répondit :

— Volontiers ferai-je ce que je dois.

Et, descendant aussitôt le grand escalier, il vint tenir l'étrier du roi, qui mit pied à terre, et entra, conduit par lui, dans la grande salle d'audience, où le souper avait été ordonné.

Le lendemain, le roi anglais logea à Haspre, où il se reposa deux jours, attendant ses gens d'Angleterre, ainsi que ses alliés d'Allemagne, et là le rejoignirent d'abord le jeune comte de Hainaut et messire Jean de Beaumont, accompagnés d'une magnifique assemblée ; puis le duc de Gueldres et ses gens, le marquis de Juliers et sa troupe, le margrave de Misnie et d'Orient, le comte de Mons, le comte de Salm, le sire de Fauquemont, messire Arnoult de Blankenheim et une foule d'autres seigneurs, chevaliers et barons. Alors, se voyant au complet, moins monseigneur le duc de Brabant, qui avait promis de le venir joindre devant Cambrai, ils partirent et vinrent loger autour de la ville. Le sixième jour, le duc de Brabant arriva, ainsi qu'il s'y était engagé, avec neuf cents lances, sans compter les autres armures de fer et une foule de gens d'armes et de pédaille, se logea sur la rive de l'Escaut opposée à celle où était établi le roi Édouard, fit jeter un pont sur la rivière pour communiquer d'une armée à l'autre, et, son camp établi, envoya défier le roi de France.

Pendant que ces préparatifs se faisaient devant Cambrai, les seigneurs, impatients d'avancer leur renom en chevalerie, couraient le pays depuis Avesnes jusqu'à Douai, et trouvaient toute la contrée pleine, grasse et drue ; car elle n'avait depuis longtemps vu aucune guerre. Or, il advint que, tout en chevauchant ainsi, messire Jean de Beaumont, messire Henri de Flandre, le sire de Fauquemont, le sire de Beautersens et le sire de Kuch, suivis de cinq cents combattants à peu près, avisèrent une ville nommée Hainecourt, dans la forteresse de laquelle les gens du pays avaient transporté tous leurs biens et tout leur avoir. Cette circonstance, à part le désir de faire quelque belle appertise d'armes, n'était pas non plus indifférente aux chevaliers de cette époque, qui regardaient le butin qu'ils pouvaient faire comme une partie du revenu que Dieu leur avait donné. Ils s'avancèrent donc vers la ville, croyant la surprendre ; mais comme déjà des compagnies assez fortes pour donner l'alarme, quoique trop faibles pour tenter un coup de main, avaient été vues dans les environs, les habitants étaient sur leurs gardes. En outre, il y avait alors dans la ville un seigneur abbé de grand sens et de hardie entreprise, qui, ainsi que le clergé de cette époque en avait pris l'habitude, maniait aussi habilement la lance que la crosse, et portait avec une aisance pareille la cuirasse et l'étole :

ce digne homme se mit donc à la tête des opérations de défense, et fit, en dehors de la porte de Hainecourt, charpenter, en grande hâte, une barrière palissadée, laissant un intervalle entre ce premier ouvrage et la porte ; puis, faisant monter tous ses gens sur les remparts et dans les guérites, après les avoir bien approvisionnés de pierres, de chaux et de toute l'artillerie en usage alors, il se plaça lui-même, à la tête des plus vaillants hommes d'armes qu'il put trouver, entre la barrière et la ville, tenant la porte ouverte derrière lui, pour laisser à ses gens une retraite assurée. Puis, ces dispositions prises, il attendit l'ennemi, qui parut bientôt, et, voyant que la ville était sur ses gardes, s'avança avec précaution, mais sans aucun empêchement de la part de ceux qui l'attendaient.

A vingt pas de la ville à peu près, messire Jean de Beaumont, messire Henri de Flandre, le sire de Fauquemont et les autres chevaliers mirent pied à terre, mouvement qui fut aussitôt imité par leurs gens d'armes, et, baissant la visière de leurs casques, ils mirent l'épée à la main et s'avancèrent résolument contre les barrières. Lorsque les gens des remparts virent que l'attaque était résolue, ils firent pleuvoir sur les assaillants une grêle de pierres et une pluie de chaux; mais, comme c'étaient presque tous des chevaliers couverts de bonnes armures, ils n'en continuèrent pas moins d'avancer, jusqu'à ce qu'ils atteignissent les barrières; là ils essayèrent de les arracher pour s'ouvrir un passage, mais ce n'était pas chose facile; elle étaient fortes et durement enfoncées en terre; de sorte que, comme ils manquaient de machines, elles résistèrent à tous leurs efforts. Alors il fallut changer de tactique et commencer une autre guerre. Les chevaliers passèrent leurs piques et leurs épées dans les intervalles et à travers les palissades, commençant à lancer et à darder sur ceux du dedans, qui répondirent de la même manière et par une défense digne de l'attaque. L'abbé était le premier de tous, recevant et repoussant les coups, tandis que les gens des remparts continuaient à lancer des pierres, des solives et des pots de feu. Or il arriva que messire Henri de Flandre et l'abbé de Hainecourt croisèrent l'épée ensemble, et comme le premier était plus habile à cette arme que le second, et le second plus fort du poignet que le premier, l'abbé, voyant son désavantage, jeta son glaive, et, saisissant celui du chevalier à pleines mains et à pleine lame, il se raidit sur ses jarrets, tirant à lui son antagoniste, qui, de son côté ne voulant pas lâcher son arme, fut obligé de la suivre ; il en résulta que la lame passa d'abord entre les palissades, puis la poignée de l'épée, puis le bras du chevalier ; alors l'abbé quitta la lame et saisit le bras, de sorte qu'il le fit entrer jusqu'à l'épaule, si bien que le reste du corps y serait passé de même si l'ouverture eût été assez large ; et, pendant tout ce temps, messire Henri de Flandre était en grand danger, car il ne pouvait aucunement se défendre ; et tandis que l'abbé le tirait d'une main, il le frappait de l'autre avec un poignard, cherchant à fausser sa visière. D'autre part, les chevaliers, voyant le péril qu'il courait, vinrent à lui et tirèrent de leur côté pour le délivrer. Ils y réussirent enfin ; mais messire Henri de Flandre, après avoir manqué d'y laisser sa vie, y laissa son glaive, que l'abbé ramassa en grand triomphe, et qui fut depuis cette époque conservé précieusement dans la salle du chapitre de Hainecourt, où, quarante ans après, les moines le montrèrent à Froissart, en lui racontant par quelle vaillante appertise il était tombé en leur possession. Quant aux assaillants, voyant par ce premier échec qu'il n'y avait rien à faire, ils abandonnèrent la partie et tirèrent devers Cambrai, où ils retrouvèrent le roi Édouard, le duc de Brabant et les seigneurs de l'empire, qui venaient d'achever leurs travaux de siège et se préparaient à donner l'assaut. Les nouveaux arrivants se mêlèrent aussitôt aux batailles, car ils avaient à venger l'échec qu'ils venaient d'éprouver, et spécialement messire Jean de Hainaut, la mort d'un jeune chevalier de Hollande, nommé Hermant, qu'il aimait beaucoup et qui avait été tué dans l'échauffourée. Il alla donc se joindre à la compagnie du sire de Fauquemont, du sire d'Enghien et de messire Gauthier de Mauny, qui devaient assaillir la ville par la porte Robert, tandis que le comte Guillaume, son neveu, la devait, de son côté, attaquer du côté de la porte Saint-Quentin.

Ce fut le comte de Hainaut qui, jeune bachelereux et ardent à faire ses preuves, atteignit l'un des premiers la barrière et commença le combat; mais ils avaient affaire à une ville bien autrement fortifiée que Hainecourt et à une garnison brave et grandement pourvue d'armes et d'artillerie. Aussi, malgré les prouesses merveilleuses que firent chacun de son côté messires Jean de Beaumont et Gauthier de Mauny, furent-ils repoussés, et rentrèrent-ils dans leurs logis tout meurtris et tout fatigués, et sans avoir rien conquis.

La même nuit les nouvelles vinrent au roi anglais que son adversaire, ayant appris son arrivée devant Cambrai, avait envoyé à Saint-Quentin son connétable Raoul, comte d'Eu et de Ghines, avec force gens d'armes, pour garder la ville et les frontières. En outre, les seigneurs de Coucy et de Ham étaient arrivés dans leurs terres, qui étaient sur les marches de France; et comme le pays situé entre Saint-Quentin et Péronne se garnissait incessamment de toute la chevalerie française, il était probable que le roi Philippe de Valois lui-même ne tarderait pas à venir en personne au-devant de son cousin.

En effet, Philippe de Valois ayant appris qu'un héraut du duc de Brabant était arrivé, lui avait aussitôt accordé audience dans son château de Compiègne, et cette fois comme à l'autre il avait appelé près de lui son vieil et loyal ôtage, Léon de Crainheim. Celui-ci comptant sur la parole de son seigneur, s'était assis près du roi avec toute confiance; mais aux premières paroles du héraut, reconnaissant quelle mission était la sienne, il s'était levé de son siége et avait voulu se retirer. Alors Philippe, sans perdre des yeux l'envoyé de son cousin, avait étendu la main et saisi le bras du chevalier, de sorte que celui-ci, retenu par le respect, était resté debout à sa place et avait été forcé d'entendre jusqu'au bout les défiances que son maître adressait au roi. Lorsque le héraut eut fini, Philippe de Valois, qui l'avait écouté en souriant, se tourna vers le chevalier :

— Eh bien ! messire de Crainheim, lui demanda-t-il, que dites-vous de cela ?

— Je dis, Sire, répondit le vieux chevalier, que j'avais garanti monseigneur de Brabant sur ma vie, et que, s'il a manqué à sa parole, je ne manquerai pas à la mienne.

Cinq jours après, au moment où le roi Philippe allait partir pour Péronne, on vint lui dire que le chevalier Léon de Crainheim, auquel il avait donné congé de retourner vers son maître, était trépassé dans la nuit même.

Le vieux chevalier, ne voulant pas survivre à la honte de celui qu'il représentait, s'était laissé mourir de faim.

VI

Cependant, comme le siège de Cambrai, malgré le courage des assaillants, n'avançait en aucune manière, et que le roi anglais apprit qu'après avoir fait son mandement à Péronne, Philippe de Valois était arrivé à Saint-Quentin avec toute sa puissance, il rassembla un conseil de ses plus preux et meilleurs conseillers, parmi lesquels étaient le comte Robert d'Artois, messire Jean de Beaumont, l'évêque de Lincoln, le comte de Salisbury, le marquis de Juliers et Gauthier de Mauny, pour leur demander si mieux valait continuer le siège ou marcher au-devant de son adversaire. La discussion fut courte; tous décidèrent que la cité de Cambrai étant forte de muraille et durement gardée, rien n'était moins certain que sa conquête; qu'en conséquence il valait mieux aller chercher une bataille en rase campagne que de se consumer inutilement devant une ville jusqu'à ce que l'hiver qui s'approchait fût arrivé. En conséquence l'ordre fut donné aux seigneurs de déloger. Chacun troussa ses tentes et pavillon, se réunit à sa bannière et se mit en marche, par connestablies, vers le mont Saint-Martin, abbaye de prémontrés du diocèse de Cambrai, qui était sur les frontières de Picardie. Et alors, comme messire Jean de Beaumont avait accompli son vœu en servant de maréchal à l'armée tant qu'elle avait guerroyé sur les terres de l'empire et du Hainaut, il rendit le commandant au roi anglais, qui le divisa en trois maréchalats et les remit aux comtes Northampton, de Glocester et de Suffolk. Quant à la connétablie, elle fut déférée au comte de Warwick, qui prit aussitôt la conduite de l'armée, laquelle, étant parvenue à la hauteur du mont Saint-Martin, traversa l'Escaut sans aucun empêchement ni de la part des Français ni de la part du fleuve. Arrivé sur l'autre bord, le comte de Hainaut s'approcha d'Édouard; descendit de cheval; et, mettant un genou en terre, il le pria de lui donner congé d'aller, selon sa parole engagée, rejoindre le roi de France, afin qu'il pût tenir envers l'un aussi fidèlement sa parole qu'il l'avait tenue envers l'autre; car, ainsi qu'il avait servi le roi d'Angleterre son beau-frère en l'empire, il voulait servir son oncle, le roi de France, en son royaume. Édouard, qui connaissait ses engagements, ne fit aucune difficulté, et releva le comte en disant : « Dieu vous garde. » Puis, ayant ôté son gantelet, il lui tendit la main. Guillaume de Hainaut la baisa, remonta à cheval, salua une dernière fois le roi, et s'éloigna de l'armée, accompagné de tous ses amis et gens d'armes, à l'exception de son oncle, Jean de Beaumont, qui, toujours au ban de la France, pour l'aide qu'il avait donnée à madame Isabelle, ne se fit pas scrupule de demeurer parmi les seigneurs de l'empire, quoique l'on fût entré sur les terres de France.

Lorsque le jeune comte Guillaume fut éloigné, un second concile se tint pour savoir si l'on entrerait plus avant dans le pays, ou si, en attendant l'armée française, on côtoierait le Hainaut, d'où les provisions d'armes et de vivres arrivaient sans empêchement et jour par jour. Les avis furent partagés; mais le duc de Brabant s'étant déclaré fortement pour cette dernière tactique, chacun se rangea de son conseil; aussitôt l'armée anglaise s'ordonna en trois batailles : la première sous la conduite des maréchaux, la seconde sous celle du roi, et la troisième sous celle du duc de Brabant.

Alors toute cette assemblée se mit en route, brûlant d'une main, pillant de l'autre, ne faisant pas plus de trois lieues par jour, afin que sur la ligne qu'elle parcourait rien ne lui échappât, ni villes, ni villages, ni fermes; et derrière elle tout disparaissait, vignes, forêts, moissons, richesses de la terre et biens du ciel, de sorte qu'on eût dit une lave qui, ayant passé, avait laissé désert et inculte tout ce qui avant elle était fertile et peuplé.

De temps en temps l'armée s'arrêtait, et, comme un dragon flamboyant qui étend une de ses ailes, une troupe se détachait de son flanc, se déployait vers la Picardie ou l'Ile-de-France, et s'en allait brûler et piller quelques villes, dont on pouvait voir l'incendie et entendre les clameurs du cœur du royaume : ainsi fut fait pour Origny-Saint-Benoît et pour Guise : enfin le roi Édouard ayant appris à Bohérie, abbaye de Cîteaux, située au diocèse de Laon, que le roi Philippe était parti de Saint-Quentin avec plus de cent mille hommes pour lui présenter la bataille, il ne voulut pas avoir l'air de fuir en continuant une route qui l'éloignait de son ennemi ; il revint donc sur ses pas, coucha le jour même où il avait reçu la nouvelle à Fervaques, le lendemain à

Montreuil; et le surlendemain étant venu loger à la Flamengerie, et ayant trouvé un endroit convenable pour établir son armée, qui était de quarante-cinq mille hommes à peu près, il décida qu'il attendrait là le roi Philippe, ayant assez fait de chemin de retour au-devant de lui pour qu'on ne le soupçonnât point de le vouloir éviter.

De son côté, le roi de France était en effet parti de Saint Quentin; il avait tant marché avec son armée qu'il était venu à Buironfosse, et s'y était arrêté, commandant à tous ses gens d'établir leurs logis; son intention était d'attendre là le roi anglais et tous ses alliés, dont il n'était plus qu'à deux lieues. Alors le comte Guillaume de Hainaut ayant appris que le roi de France était logé et arrêté à Buironfosse, se départit du Quesnoy, où il s'était tenu jusque là, et chevaucha tant qu'il rejoignit l'armée française et se présenta à son oncle avec cinq cents lances. Malgré cette magnifique assemblée, le roi Philippe lui fit d'abord un assez froid accueil; car il ne pouvait oublier qu'avec ce même cortège il était venu mettre le siège devant Cambrai. Mais le comte Guillaume s'excusa sagement, disant qu'il avait été forcé d'obéir à l'empereur, dont il relevait comme du roi de France; si bien que le roi et son conseil finirent par se contenter de ses raisons, et que son logis lui fut assigné au milieu de l'armée et le plus près possible de la tente royale.

Edouard apprit bientôt les dispositions de son adversaire et le peu de distance qui séparait les deux armées. Il assembla aussitôt son conseil, qui se composait des seigneurs de l'empire, de ses maréchaux et de tous les barons et prélats d'Angleterre, leur demandant si leur intention était toujours de combattre, et qu'ils eussent en conséquence à lui donner leur avis sur ce qu'il avait à faire en ce point auquel ils étaient arrivés. Les seigneurs se regardèrent d'abord en silence, puis déférèrent la parole au duc de Brabant, qui se leva et dit « qu'il croyait qu'il était du devoir et de l'honneur de tous de combattre, quelle que fût l'infériorité du nombre, et qu'il fallait sans retard envoyer un héraut par devers le roi de France pour demander la bataille, et accepter la journée qu'il indiquerait. » Cette ouverture fut reçue avec des applaudissements unanimes, et le héraut du duc de Gueldres, qui savait le français, fut chargé, au nom du roi d'Angleterre et des seigneurs de l'empire, d'aller porter le défi au roi de France. En conséquence, il monta aussitôt à cheval avec une suite digne de ceux qu'il représentait, et après avoir chevauché deux heures à peine, tant les deux armées étaient proches l'une de l'autre, il arriva aux avant-postes de Philippe de Valois, et demanda d'être introduit incontinent en sa présence.

Le roi de France le reçut au milieu de son conseil, et écouta avec joie la mission dont, en homme sage, il s'acquitta à la fois avec respect et fermeté ; puis, ayant appris comment son adversaire s'était arrêté pour l'attendre, et lui requérait bataille, pouvoir contre pouvoir, Philippe de Valois répondit qu'il entendait volontiers de pareilles paroles, et désigna le vendredi suivant, c'est-à-dire le surlendemain, comme jour à lui agréable pour en venir aux mains ; puis, ôtant de dessus ses épaules son propre manteau, qui était d'hermine et s'agrafait avec une chaîne d'or, il le donna au héraut en signe qu'il était le bien venu, et que la nouvelle qu'il lui apportait était une riche nouvelle. Le héraut revint le même soir à l'armée d'Édouard, raconta la bonne chère que le roi lui avait faite, et annonça que le vendredi suivant était le jour fixé pour la bataille. Ce bruit se répandit aussitôt parmi les seigneurs de l'empire et les barons anglais, qui passèrent une partie de la nuit à examiner leurs armes et à préparer leurs besognes.

Le lendemain, le comte de Hainaut chargea les sires de Tupigny et de Fagnoelles, qui étaient deux de ses chevaliers en qui il avait pleine confiance pour le courage et la sagesse, d'examiner les batailles du roi anglais. Ils montèrent en conséquence sur leurs meilleurs coursiers, et, se tenant à couvert sous un bois qui s'étendait sur toute la ligne, ils côtoyèrent quelque temps l'armée anglaise, dont ils étaient si près qu'ils en pouvaient voir toutes les dispositions. Or il arriva tout-à-coup que le cheval du sire de Fagnoelles, qui était mal enfréné, ayant été frappé sur la croupe par une branche d'arbre, s'effraya et prit le mors aux dents de telle manière qu'il se rendit maître de son cavalier, l'emporta hors du bois, et, piquant droit vers l'armée du roi Édouard, vint le jeter au milieu du quartier des seigneurs impériaux. Le sire de Fagnoelles fut aussitôt entouré et pris par cinq ou six Allemands, qui le mirent à rançon, lui proposant, vu qu'il n'avait pas été pris en bataille mais par simple accident, de le remettre en liberté, s'il voulait leur donner bonne et valable caution. Le sire de Fagnoelles demanda alors qu'on le conduisît devant messire

Jean de Beaumont, qui fut fort émerveillé, au sortir de la messe où il était pour le moment, de trouver à la porte une de ses vieilles et bonnes connaissances. Le prisonnier lui raconta alors comment il était tombé aux mains des Allemands, de combien il était rançonné, et quelle offre ceux qui le tenaient venaient de lui faire. Aussitôt messire Jean de Beaumont le cautionna de la somme demandée, et, l'ayant retenu à dîner, lui fit, au dessert, amener son cheval et rendre son épée, à la seule condition qu'il se chargerait de ses compliments pour le comte Guillaume, son neveu. Le sire de Fagnoelles en fit la promesse, et revint vers les logis de son seigneur, auquel il put donner des nouvelles certaines de l'armée du roi Édouard, l'ayant vue de plus près qu'il ne comptait le faire en partant le matin pour cette reconnaissance.

Le même soir, tandis que le roi de France veillait dans sa tente, un messager tout poudreux, et harassé, car depuis qu'il avait touché terre il avait fait vingt lieues par jour sur le même cheval, fut introduit devant Philippe ; il venait de l'île de Sicile et apportait des lettres de Robert, comte de Provence et roi de Naples. Le roi, qui connaissait la sagesse de son cousin et sa science en astrologie, l'avait consulté au premier bruit qu'il avait eu de cette guerre pour savoir ce qu'il en devait attendre. Or, le roi Robert avait interrogé les astres dans leurs conjonctions favorables et malignes, avait plusieurs fois jeté ses sorts sur les aventures du roi de France et du roi d'Angleterre, et toujours il avait trouvé que là où le roi Édouard serait présent de sa personne, le roi Philippe serait battu et déconfit avec grand dommage pour le royaume de France : il écrivait donc au roi de ne pas combattre, ses soldats fussent-ils trois contre un, l'issue du combat étant écrite d'avance sur le livre éternel, où la main des hommes ne peut rien changer. Philippe se garda bien de communiquer ces lettres à personne, de peur de décourager l'armée, et, nonobstant les raisons et défenses du roi de Sicile, son beau cousin, il résolut, si le roi Édouard engageait la bataille, de ne pas reculer d'un pas, puisque c'était lui qui en avait fixé le jour; mais aussi de ne point l'aller chercher, si sa position lui donnait les avantages du terrain et du soleil.

Le lendemain matin les deux armées s'apprêtèrent et entendirent la messe; les deux rois et beaucoup de seigneurs se confessèrent et communièrent, comme il convient à des gens qui vont combattre, et veulent se tenir prêts à paraître devant Dieu ; puis chacune marcha au-devant de l'autre, suivant les bords opposés d'un grand marais plein d'eau et d'herbes, difficile au passage, et qui mettait en péril celui qui se hasarderait le premier à le traverser. Au bout d'une heure de marche, les deux armées se trouvèrent en présence l'une de l'autre, et chaque roi ordonna ses batailles.

Le roi Édouard, qui avait l'avantage du terrain, divisa son armée en trois compagnies, toutes de pied, fit mettre les chevaux et les harnais dans un petit bois qui était derrière elle, et se fortifia avec les charrois et voitures. Or la première bataille, nombreuse de huit mille hommes, et où se trouvaient vingt-deux bannières et soixante pennons, se composait des Allemands, et était commandée par le duc de Gueldres, le comte de Juliers, le marquis de Brandebourg, messire Jean de Hainaut, le margrave de Misnie, le comte de Mons, le comte de Salm, le sire de Fauquemont et messire Arnoult de Blakenhein.

La seconde avait pour chef le duc de Brabant, et sous ses ordres commandaient les plus riches et les plus braves barons de son pays, ainsi que quelques seigneurs de Flandre, qui s'étaient ralliés à sa compagnie ; de sorte qu'il marchait à la tête de vingt-quatre bannières et de quatre-vingts pennons, commandant à sept mille hommes tous bien étoffés et armés, gens de courage et de cœur.

La troisième bataille, qui était la plus forte, obéissait au roi d'Angleterre ; autour de lui étaient tous les seigneurs de son pays, premièrement son cousin le comte Henry de Derby, fils de messire Henry de Lancastre au cou tors, l'évêque de Lincoln, l'évêque de Durham, les comtes de Northampton, de Glocester, de Suffolk et d'Hertfort ; messire Robert d'Artois, messire Regnault de Cobham, le sire de Percy, messires Louis et Jean de Beauchamp, messire Huges de Hastings, messire Gauthier de Mauny, et enfin le comte de Salisbury, qui, après quinze jours à peine donnés à sa jeune épouse, relevé de son vœu, et, les deux yeux découverts et brillants d'ardeur, venait de rejoindre l'armée. Au-dessus de cette mer d'acier, dont chaque homme formait un flot, et qui s'avançait comme une houle, composée qu'elle était de six mille hommes d'armes et de six mille archers, flottaient vingt-huit bannières et quatre-vingt-dix pennons; enfin, outre ces trois batailles, une arrière-garde était disposée, dont le comte de Warwick, le comte de Pembroke, le sire de Milton et plusieurs autres bons chevaliers étaient chefs, se tenant prêts à se porter au secours de toute compagnie qui faiblirait, et cette arrière-garde était composée de quatre mille hommes.

Quant au roi de France, il avait autour de lui si grand peuple et tant de nobles et de chevalerie, que c'était merveille à voir, mais que ce serait trop grande longueur à raconter. Lorsque ses batailles furent armées et ordonnées sur champ, il y avait deux cent vingt-sept bannières, cinq cent soixante pennons, quatre rois, six ducs, trente-six comtes, quatre mille chevaliers et plus de soixante mille hommes des communes de France, tous armés si nettement, qu'ils semblaient une glace où se mirait le soleil; mais cette chevalerie, si terrible et si belle à voir, était divisée au sujet de la journée; car les uns disaient que ce serait une honte d'en être venu si près de l'ennemi sans combattre, et les autres prétendaient que c'était une faute de livrer bataille, puisque le roi de France avait tout à y perdre et rien à y gagner; car s'il était défait, l'ennemi pénétrerait jusqu'au cœur du royaume, tandis que s'il était vainqueur, il ne pouvait pour cela conquérir l'Angleterre, qui est une île, ni les terres des seigneurs de l'empire, qui seraient toujours trop durement soutenus par Louis V de Bavière, leur suzerain.

Pendant ce temps, le roi d'Angleterre était monté sur un petit palefroi marchant l'amble, et accompagné de messire Robert d'Artois, de messire Regnault de Cobham et de messire Gauthier de Mauny, chevauchant devant toutes les batailles, exhortant doucement les chevaliers et autres compagnons de l'aider à accomplir son vœu et à garder son honneur, leur montrant l'avantage de la position qu'il avait choisie, adossée à un bois, défendue par un marais, et comment son ennemi ne pouvait venir à lui sans se mettre en grand péril. Lorsqu'il eut longé chaque front et parlé à tous, soit pour exciter, soit pour retenir, il revint en sa bataille, se mit en ordonnance, et fit commander que nul ne se plaçât devant les bannières des maréchaux.

Ces préparatifs, faits de part et d'autre, avaient pris toute la matinée à peu près, et l'on était arrivé à l'heure de midi, lorsqu'un lièvre, effrayé par un chevalier de l'armée d'Angleterre qui s'était écarté un instant de sa bataille, se leva, et vint, tout courant, se jeter dans les rangs des Français ; alors quelques chevaliers, voyant qu'ils avaient le temps de lui donner la chasse, se mirent à le courre dans le cercle de fer où il était enfermé, criant à tous cris et le poursuivant à grand haro ; l'armée anglaise, qui vit ce mouvement et qui en ignorait la cause, s'émut à ce bruit, s'attendant à être attaquée. Le roi quitta donc son petit cheval, monta sur un grand et fort destrier, et se tint prêt à se présenter à la première attaque. De l'autre côté, les seigneurs de Gascogne et de Languedoc, croyant que l'on attaquait, mirent leurs casques et tirèrent leurs glaives, tandis que le comte de Hainaut, pensant qu'il n'y avait pas de temps à perdre et qu'on allait en venir aux mains, se hâta de conférer la chevalerie à plusieurs seigneurs à qui il avait promis cette faveur ; si bien qu'il en accola quatorze, qui portèrent jusqu'à la fin de leur vie le nom de chevaliers du Lièvre.

Toutes ces choses diverses avaient fait passer le temps ; trois heures de l'après-midi étaient arrivées, le soleil commençait à descendre vers l'horizon, lorsqu'un messager arriva à son tour au roi Édouard, qui prit ses lettres et les lut sans descendre de cheval ; elles étaient signées de l'évêque de Cantorbéry, venaient du conseil d'Angleterre, et annonçaient que les Normands et les Génois, après avoir débarqué à Southampton, pillé et brûlé la ville, étaient venus courir jusqu'à Douvres et Norwich, désolant toutes les côtes d'Angleterre, à plus de quarante mille qu'ils étaient, et gardaient tellement la mer, que nul ne pouvait aborder en Flandre; à telle enseigne qu'ils avaient conquis les deux plus grandes nefs que les Anglais eussent bâties jusqu'alors, et qui s'appelaient, l'une *Édouarde,* et l'autre *Christophe :* le combat avait duré tout un jour, et mille Anglais y avaient péri.

C'étaient, comme on le voit, de terribles nouvelles ; et cependant les mêmes lettres en contenaient de plus inquiétantes encore. Celles-là arrivaient d'Écosse : pendant qu'Édouard était devant Cambrai, Philippe de Valois avait, comme nous l'avons dit, envoyé des messagers aux seigneurs qui tenaient pour le jeune roi David; ils n'amenaient pas un grand renfort d'hommes ni d'armes, mais une somme d'argent assez forte pour se procurer les uns et les autres. Le chef de l'ambassade, qui était un homme de grand courage et de haute sagesse, avait passé à travers tous les postes anglais, et était arrivé jusqu'à la forêt de Jeddart, où se tenaient, comme dans un fort inaccessible, le comte de Murray, messire Simon Frazer, messire Alexandre de Ramsay et messire Guillaume de Douglas, neveu du bon lord James, qui, ainsi que nous l'avons raconté à nos lecteurs, était mort en Espagne, tandis qu'il portait vers la Terre-Sainte le cœur de son roi. Tous ces seigneurs eurent grande joie aux nouvelles qui leur venaient de France; et, comme le roi Philippe leur recommandait de profiter de l'absence d'Édouard pour émouvoir le royaume d'Angleterre, et, grâce au grand trésor qu'il leur envoyait, leur en offrait tous les moyens, ils l'avaient, au bout de quelque temps, si bien semé en loyale terre, qu'il avait poussé de tous côtés grande foison d'hommes et de chevaux; de sorte que, se trouvant à la tête d'une puissante assemblée, alors que les gouverneurs anglais les croyaient encore, comme des bêtes sauvages, cachés et retirés dans la forêt de Jeddart, ils étaient descendus vers les basses terres, pareils à une troupe de loups, et avaient repris, soit par force, soit par surprise, la plupart des forteresses; si bien que c'étaient les Anglais, à leur tour, qui ne possédaient plus en Écosse que sept ou huit villes et forteresses, parmi lesquelles Berwick, Sterling, Rosburg et Édimbourg. Ce n'était pas tout : encouragés par ces succès, ils avaient, laissant derrière eux Berwick, passé la rivière de la Tyne, et, traversant la vieille muraille romaine, poussé jusqu'à Durham, à l'extrémité du pays de Northumberland, c'est-à-dire à trois journées avant dans le royaume d'Angleterre, brûlant et pillant tout le pays ; puis s'étaient retirés par un autre chemin, sans que personne se fût opposé à leur retraite ; tant chacun était éloigné de se douter que les ongles et les dents fussent si vite repoussés au lion d'Écosse.

Édouard lut ces lettres sans que son visage trahît une seule marque d'émotion ; puis, lorsqu'il eut fini, il commanda qu'on fît grande chère, et qu'on donnât au messager une aussi riche récompense que s'il eût apporté toute autre nouvelle. Enfin il reporta les yeux vers l'armée qui était devant lui priant en son cœur le Siegneur Dieu qu'il écartât ce combat qu'il avait tant désiré et était venu chercher de si loin; car une fois vainqueur ou vaincu, engagé au cœur du royaume, ou repoussé sur les terres de l'empire, il ne pouvait retourner en son pays, où le réclamaient de si importantes entreprises. Heureusement tout était dans l'armée française au même point et dans le même état, et, comme le jour commençait à baisser, il était probable que la journée se passerait sans bataille.

En effet, deux heures s'écoulèrent encore sans que d'un côté ni de l'autre on se hasardât à traverser le marais; et, la nuit étant venue, chacun se retira dans ses logis de la veille. Là, le roi Édouard rassembla son conseil, lut à haute voix les lettres qu'il venait de recevoir d'Angleterre, et demanda l'avis des barons anglais et des seigneurs de l'empire : l'avis fut unanime; sa présence était de toute importance à Londres, et il était urgent qu'il s'y rendît sans retard. En conséquence, profitant de l'obscurité de la nuit, il fit trousser et charger les harnais et les tentes, et vint avec le duc de Brabant coucher près d'Avesne en Hainaut; puis le matin même il prit congé des seigneurs allemands et brabançons, qui démeurèrent en armes pour garder le pays, et s'en revint à Bruxelles avec le duc Jean, son cousin.

Le lendemain, le roi de France, ignorant ce qui s'était passé pendant la nuit, sortit de nouveau de son logis, et vint ordonner ses batailles au même endroit que la veille ; mais comme il ne vit paraître personne, croyant que quelque embûche était dressée dans le bois qui s'étendait de l'autre côté du marais, il demanda un homme de bonne volonté, qui, traversant le pas difficile que ni l'une ni l'autre des deux armées n'avait voulu franchir la veille, allât fouiller ce bois, qui lui paraissait suspect jusque dans son silence. Alors un jeune bachelier se présenta pour cette aventureuse entreprise; c'était messire Eustache de Ribeaumont, rejeton d'une vieille et noble famille, qui, quoique âgé de vingt-un ans à peine, avait déjà cinq ans de guerre ; et, comme il allait partir, le roi Philippe de Valois voulut que s'il succombait en cette aventure, le brave jeune homme mourût au moins chevalier, et, le faisant mettre à genoux, il l'arma et accola lui-même ; si bien que, tout fier et tout joyeux de cet honneur, messire Eustache remonta à cheval, priant Dieu de lui faire rencontrer quelque ennemi, afin qu'à la vue du roi il se montrât digne de la faveur qu'il avait reçue. En conséquence, il traversa le marais aux yeux de toute l'armée, et, arrivé sur l'autre bord, mit sa lance en arrêt, et avança résolument vers le bois, où bientôt il disparut. Alors il l'explora de tous côtés; mais il était désert et silencieux comme la forêt enchantée où Tancrède fit couler d'un arbre le sang de Clorinde; de sorte qu'il le parcourut en tous sens, sans rien voir de ce qu'il y cherchait, et reparut bientôt au-delà du bois, gravissant une montagne, du haut de laquelle on découvrait tout le pays : arrivé au sommet, et n'y voyant personne, il y planta sa lance en signe de possession, y posa son casque, dont les longues plumes flottaient au vent, et redescendit doucement et tête nue vers le roi, à qui il rendit compte de son message, l'invitant à le suivre avec toute l'armée sur le champ où étaient rangées la veille les batailles du roi Édouard. Philippe de Valois donna aussitôt l'ordre à son avant-garde de se mouvoir, et messire Eustache de Ribeaumont ayant comme éclaireur et pour sonder le terrain, pris la tête de la colonne, toute l'armée se mit en marche à travers le marais, dont beaucoup de chevaliers eurent grande peine à sortir, à cause de la pesanteur de leurs armures et de celle de leurs chevaux ; ce qui fut une preuve au roi Philippe qu'il avait eu grandement raison de ne pas risquer, la veille, en face de l'armée ennemie, le passage qu'il effectuait alors sans crainte et sans danger. Messire Eustache ne s'était pas trompé ; tout le pays était désert, et il alla sans empêche, à la tête de la petite troupe qu'il conduisait, reprendre, au sommet de la montagne, la lance et le casque qu'il y avait laissés.

Quant au roi Philippe, il s'établit à l'endroit même où Édouard avait dressé ses batailles, et y resta pendant deux jours entiers ; puis, au bout de ce temps, ayant appris par les gens du pays que le roi d'Angleterre s'était retiré en Hainaut avec ses barons et les seigneurs de l'empire, il remercia courtoisement rois, ducs, comtes, barons, chevaliers et seigneurs qui l'étaient venus servir, et, leur donnant congé de se retirer où ils voudraient, s'en revint à Saint-Quentin, d'où il envoya ses gens d'armes en garnison dans les villes de Tournay, de Lille et de Douai; puis, ces besognes achevées, et voyant qu'il n'avait plus rien à faire sur les marches et frontières de son royaume, il s'en retourna vers Paris, qui en est le cœur.

Quant à Édouard, il s'en revint à Anvers, où il s'embarqua, laissant, en signe qu'il comptait bientôt revenir, sous la garde de son compère Jacques d'Artevelle, la reine Philippe en la ville de Gand, et chargeant les comtes de Suffolk et de Salisbury de garder et de défendre la Flandre, au cas où le roi Philippe voudrait la punir des services qu'elle lui avait rendus et qu'il comptait bien qu'elle lui rendrait encore. Puis étant parvenu en pleine mer sans rencontrer aucun des pirates normands ou génois, il navigua tant, qu'il aborda à Londres le 24 février de l'an 1540, et se rendit le même jour à Westminster, où son retour fut un sujet de joie pour tout le royaume.

VII

Depuis les nouvelles reçues par le roi Édouard, le jour assigné pour la bataille et où la bataille n'eut pas lieu, ses affaires s'étaient encore appauvries en Écosse ; une dernière entreprise plus hardie et non moins réussie que les autres, détermina Édouard à jeter ses premiers regards de ce côté, comme étant celui où le danger était le plus pressant.

Nous avons dit comment, au nombre des places fortes que Baliol, ou plutôt Édouard, avait conservées en Écosse, était le château d'Édimbourg, que l'on regardait comme imprenable; mais Guillaume Douglas en jugea autrement, et, ayant assemblé le comte Patrick, sir Alexandre Ramsay et Simon Frazer, l'ancien maître en chevalerie du jeune roi, il leur exposa son projet, leur offrant de l'accomplir seul, ou d'en partager avec eux les dangers et l'honneur. Plus une entreprise était hasardeuse, mieux elle devait plaire à de pareils hommes; ils adoptèrent donc entièrement le plan de Douglas, et s'occupèrent aussitôt de le mettre à exécution.

Leur premier soin fut de faire choix de deux cents Écossais des plus braves et des plus sauvages; alors, leur ayant donné rendez-vous par petites troupes, afin de ne point exciter les soupçons, sur une plage du comté de Fife, ils vinrent à la nuit, avec un bâtiment chargé de farine, d'avoine et de paille, les prendre dix par dix, à l'aide d'une chaloupe; puis, lorsque tous furent à bord, comme le vent était mauvais, ils nagèrent à la rame, tant et si bien qu'ils abordèrent à trois lieues d'Édimbourg : là, ils se séparèrent en deux troupes, et, ne retenant auprès d'eux que douze hommes des plus déterminés, Guillaume de Douglas, Simon Frazer et sir Alexandre Ramsay envoyèrent les autres s'embusquer, par un autre chemin que celui qu'eux-mêmes devaient suivre, dans une vieille abbaye déserte, située au pied de la montagne et assez proche du château pour entendre le signal convenu, et accourir aussitôt à l'aide de leurs compagnons ; puis, s'étant revêtus, ainsi que leurs douze montagnards, d'habits déchirés et de vieux chapeaux, afin d'avoir l'air de pauvres marchands, ils chargèrent douze chevaux de chacun un sac, soit d'avoine, soit de farine, soit de paille, et, s'étant armés sous leurs manteaux, ils commencèrent, au point du jour, à gravir le rocher, qui était si rapide que si les chevaux n'eussent été choisis, comme les hommes, parmi les plus montagnards, ils n'eussent pas pu y tenir pied. Après mille peines, ils parvinrent enfin à moitié de la montée. Arrivés à ce point, Guillaume de Douglas et Simon Frazer se détachèrent de la caravane, qui resta sous les ordres de sir Alexandre Ramsay, continuèrent leur chemin, et firent tant qu'ils arrivèrent à la herse. Là, comme la sentinelle leur barrait le passage, ils demandèrent à parler au portier, lequel ayant été prévenu, vint aussitôt; alors ils lui dirent qu'ils étaient des marchands qui, ayant appris que la garnison était sur le point de manquer de vivres et de fourrage, s'étaient, par dévoûment à Baliol et pour gagner en même temps leur vie, hasardés à traverser les bandes de coureurs écossais, et étaient enfin arrivés avec douze chevaux chargés de blé, d'avoine et de paille qu'ils étaient disposés à vendre à bon marché. En même temps ils conduisirent le portier sur la rampe de la montagne, ils lui montrèrent la petite troupe qui n'attendait qu'un signal pour continuer son chemin. Le portier répondit que la garnison achèterait volontiers des vivres, dont effectivement elle avait grand besoin, mais qu'il était de si grand matin, qu'il n'osait faire prévenir le gouverneur ni le maître d'hôtel; mais qu'en attendant qu'ils fussent réveillés, si leurs compagnons voulaient venir, il leur ouvrirait la première porte. C'était tout ce que demandaient Guillaume de Douglas et Simon Frazer; ils firent en conséquence signe à la petite troupe de monter, et elle se remit en marche avec un air d'honnêteté tel qu'il était impossible qu'elle éveillât les soupçons. Arrivée sur la plate-forme, le portier alla lui-même au-devant d'elle, et l'introduisit dans la première enceinte; puis, lui ouvrant les barrières, il dit aux prétendus marchands qu'ils pouvaient, à tout hasard, décharger leurs marchandises, les probabilités étant qu'au prix qu'ils avaient dit, elles leur seraient achetées jusqu'au dernier sac; les montagnards ne se le firent pas répéter deux fois, et, jetant les sacs sur le seuil même de la porte, ils s'assurèrent qu'on ne pourrait la refermer; puis l'un d'eux, s'étant approché du portier qui tenait son trousseau de clés à la main, il le frappa d'un coup de poignard si rapide et si profond qu'il tomba sans pousser un cri. Aussitôt toute la petite troupe jeta ses habits déchirés ; Simon Frazer se saisit des clés, tandis que Guillaume de Douglas, embouchant son cor, en tira trois sons aigus et prolongés.

C'était le signal convenu : aussitôt que le reste de la troupe embusquée dans la vieille abbaye entendit le bruit de ce cor si bien connu, elle s'élança hors de l'embuscade, gravissant les rochers avec la rapidité des daims et des isards de ces montagnes. La sentinelle, que le bruit du cor avait déjà émue, devina tout, en voyant ces hommes venir ainsi, et cria de toutes ses forces :

— Trahis! trahis! tôt, seigneurs! tôt, sortez et appareillez.

A ces cris, le châtelain et ceux du dedans s'éveillèrent, et, s'armant de toutes armes, accoururent à la porte pour la refermer; mais ils y trouvèrent Guillaume Douglas et ses compagnons; de son côté, la sentinelle voulut courir à la porte et la fermer; mais Simon Frazer avait les clés. Dans ce moment, le reste de la troupe arriva, et ce fut alors aux habitants du château de défendre les autres portes, et non plus d'attaquer celles que leurs ennemis avaient déjà prises.

Là, dans cette cour étroite où, enfermés tous, il fallait que l'un des deux partis succombât, s'accomplirent des merveilles d'armes, car les assaillants avaient affaire dans le châtelain à un brave chevalier, nommé messire Gauthier de Limousin, qui se défendit comme un lion, barrières à barrières et portes à portes; enfin, comme il restait seul avec ses six écuyers, force lui fut enfin de se rendre. Les généraux du roi David mirent à sa place un brave écuyer écossais, qui se nommait Simon de Vergy, et, lui laissant pour garnison la troupe qui avait pris le château, ils s'en retournèrent à d'autres entreprises.

Édouard, pour avoir quitté la Flandre, n'en avait point renoncé pour cela à sa guerre contre Philippe de Valois et au vœu qu'il avait fait d'aller camper en vue des rochers de Saint-Denis ; mais, comme on le voit, la situation de l'Angleterre, placée entre les pirates normands et les maraudeurs écossais, était assez critique pour que son roi revînt, par sa présence, lui redonner un peu de confiance et de courage. Édouard hésitait donc auquel de ses ennemis de terre ou de mer il répondrait d'abord, lorsqu'il apprit la réussite de l'entreprise aventureuse, si hardiment menée à bien par Guillaume de Douglas. Dès-lors il n'hésita plus à donner ses premiers soins aux frontières d'Écosse, dont il voulait renforcer les garnisons, et quinze jours à peine passés à Londres pour donner ses instructions afin d'y trouver une flotte prête, il partit pour Appleby et Carlisle, visita toutes les marches du royaume depuis Brampton jusqu'à Newcastle, prit avec lui Jean de Neufville, qui en était le gouverneur, s'avança jusqu'à Berwick, où se tenait Édouard Baliol, et, après être resté quelques jours à disputer avec lui les intérêts des deux royaumes, remonta la rive droite de la Tweed jusqu'à Norham, où il laissa son escorte; puis, prenant pour tout compagnon Jean de Neufville, il continua de chevaucher une demi-journée seul à seul avec lui, et vint, à la tombée de la nuit, frapper aux portes du château de Wark.

C'est là, si l'on s'en souvient, qu'Alix de Granfton, après avoir relevé le comte de Salisbury de son vœu, était venue acquitter le sien. Depuis que son mari l'avait quittée, elle était restée dans la solitude et l'isolement, demeurant courageusement en ce château, quelque exposé qu'il fût aux excursions des Écossais. Il est vrai que la place était forte, avait une bonne garnison, et était soigneusement gardée par Guillaume de Montaigu.

Aussi, dès qu'il eut appris que deux chevaliers anglais demandaient l'hospitalité pour une nuit au château de Wark, tout préoccupé qu'il était encore de la prise d'Édimbourg, voulut-il aller lui-même les recevoir et interroger : il descendit en conséquence à la poterne, et demanda aux nouveaux venus qui ils étaient et ce qu'ils voulaient. Pour toute réponse, Jean de Neufville leva la visière de son casque, et se fit reconnaître pour le gouverneur du Northumberland. Quant au chevalier qui l'accompagnait, c'était, disait-il, un envoyé du roi Édouard, qui visitait avec lui la province, pour voir si toutes choses y étaient en bon ordre à l'égard des Écossais. Guillaume de Montaigu les reçut aussitôt avec la déférence qui convenait à leur rang, les conduisit à la chambre d'honneur, et comme ils avaient demandé la faveur de présenter leurs hommages à la comtesse, il les quitta pour aller prendre ses ordres.

A peine fut-il sorti qu'Édouard ôta son casque : au reste, le soin qu'il avait pris de tenir la visière baissée n'était peut-être qu'une précaution exagérée. Depuis deux ans qu'il n'avait paru dans cette partie de l'Angleterre, il avait laissé pousser sa barbe, ses moustaches et sa chevelure ; de sorte que ce nouvel ornement, qui était, au reste, adopté avec plus ou moins d'exagération par tous les seigneurs de l'époque, changeait assez son visage pour qu'il ne fût reconnu que par ses plus familiers ou par ceux qui avaient à cette reconnaissance un intérêt de haine et d'amour. D'ailleurs il était venu ainsi sans intention aucune, conduit seulement par cet ancien désir qu'il avait toujours eu pour la belle Alix, désir que l'absence et la guerre avaient amorti, mais non chassé de son cœur, et qui s'était réveillé dans toute sa première force du moment où il s'était retrouvé dans le voisinage du château qu'elle habitait. Aussi c'était autant pour cacher son émotion que son visage qu'il s'était assis dans une partie de la salle où pénétrait à peine la lumière ; de sorte que, lorsque Guillaume de Montaigu rentra, le roi se trouva, soit par hasard, soit à dessein, assez perdu dans l'ombre pour qu'il fût impossible de le reconnaître, son extérieur n'eût-il subi aucun changement. Quant à Jean de Neuville, comme il n'avait aucun motif de se cacher et qu'il ignorait ce qui se passait dans l'esprit du roi, il s'était appuyé contre la cheminée, et faisait honneur à un grand hanap plein d'hydromel que deux serviteurs entrés derrière lui avaient déposé sur la table.

— Eh bien! dit-il à Guillaume de Montaigu, en interrompant sa phrase pour porter de temps en temps le verre à sa bouche et boire à petits coups, quelles nouvelles apportez-vous, mon jeune châtelain? La comtesse de Salisbury nous accorde-t-elle la faveur que nous lui faisons demander et à laquelle nul n'a plus de droits que nous, s'il suffit pour l'obtenir, d'être admirateurs de la beauté?

— La comtesse vous remercie de votre courtoisie, Messire, répondit froidement le jeune homme ; mais elle s'est retirée dans sa chambre aussitôt les fatales lettres qu'elle a reçues aujourd'hui même, et sa douleur est si grande qu'elle espère qu'elle lui sera une excuse auprès de vous et que vous voudrez bien m'accepter pour son représentant.

— Et peut-on, dit Édouard, sinon pour la consoler de ses chagrins, du moins pour les partager, connaître le motif qui les cause, et quelle nouvelle si terrible contenaient ces lettres qu'elle a reçues ?

Guillaume tressaillit au son de cette voix, et fit machinalement un pas vers Édouard ; puis il s'arrêta aussitôt, les yeux fixés sur lui, comme si ses regards avaient la faculté de distinguer au milieu des ténèbres ; mais il ne répondit pas. Le roi renouvela sa question.

— Ces lettres, reprit enfin Guillaume d'une voix altérée, contenaient la nouvelle que le comte de Salisbury était tombé aux mains des Français ; de sorte qu'à cette heure la comtesse ne sait pas s'il est mort ou vivant.

— Et où et comment a-t-il été fait prisonnier? s'écria Édouard en se levant tout debout et en donnant à son interrogation toute la force d'un commandement.

— Près de Lille, Monseigneur, répondit Guillaume, appelant Édouard du titre qu'on donnait également aux comtes, aux ducs et aux rois. Au moment où ils se rendaient, le comte de Suffolk et lui, selon l'engagement qu'ils en avaient pris, au secours de Jacques d'Artevelle, qui les attendait devers Tournay, en un pas nommé le Pont-de-Fer,

— Et sa prise n'a-t-elle pas eu d'autre conséquence? demanda avec inquiétude Édouard.

— Elle a eu celle, Monseigneur, répondit froidement Guillaume, de faire perdre au roi Édouard un de ses plus braves et plus loyaux chevaliers.

— Oui, oui, certes, et vous parlez sagement, mon jeune châtelain, répondit

Édouard en se rasseyant : le roi sera profondément courroucé lorsqu'il saura cette nouvelle; mais la lettre dit que le comte est prisonnier et non mort, n'est-ce point? Eh bien! ce n'est point un malheur sans remède, et je suis certain que le roi Édourd sera disposé à faire tout sacrifice pour rançonner un si noble chevalier.

— Aussi la comtesse allait-elle lui envoyer un messager dès demain, Monseigneur; tant elle comptait sur la bienveillance et la loyauté dont vous vous faites le garant à cette heure.

— C'est inutile qu'elle prenne cette

peine, dit Édouard, je me chargerai du message.

— Et qui êtes-vous, Messire, répondit Guillaume, afin que je puisse transmettre à la reconnaissance de ma noble tante le nom de celui à qui elle aura une obligation si grande ?

— C'est inutile que je vous l'apprenne, dit Édouard; mais voilà monseigneur Jean de Neufville qui mérite toute confiance comme gouverneur de la province et qui répondra de moi.

— C'est bien, Monseigneur, répondit Guillaume; je vais prendre les ordres de la comtesse, qui prie en son oratoire.

— Pouvez-vous, en attendant la réponse, nous envoyer le messager qui a apporté ces lettres? nous avons grand désir, monseigneur de Neufville et moi, d'avoir des nouvelles de Flandre, et puisqu'il en arrive, il nous en donnera.

Guillaume s'inclina en signe d'assentiment et sortit : dix minutes après, le messager entra, c'était un écuyer du comte ; il arrivait effectivement de Flandre le jour même, et avait pris part à l'escarmouche où Salisbury et Suffolk avaient été faits prisonniers.

Le départ d'Édouard pour l'Angleterre et le retour de Philippe de Valois à Paris n'avaient pas interrompu les hostilités : les comtes de Suffolk, de Salisbury, de Northampton et messire Gauthier de Mauny étaient restés, comme nous l'avons dit, pour tenir la guerre dans les villes de Flandre, tandis que le sire Godemar Dufay dans le Tournaisis, le sire de Beaujeu à Mortagne, le sénéchal de Carcassonne en la ville de Saint-Amand, messire Aimery de Poitiers à Douai, messire le Gallois de la Beaume, le sire Devilliers, le maréchal de Mirepoix, et le sire Moreuil en la cité de Cambrai, faisaient tous les jours quelque sortie nouvelle, espérant rencontrer des détachements anglais pour escarmoucher et faire appertises d'armes. Or il advint qu'un jour, avec le congé du roi de

France, qui n'avait pu pardonner à son neveu l'aide qu'il avait donnée à son ennemi, les différentes garnisons du Cambrésis se rassemblèrent, et, fournissant chacune son contingent, réunirent bien six cents armures de fer ; puis, se mettant en route à la nuit tombante, furent rejointes par des détachements de Câteau-Cambrésis et de Maumaison, et se dirigèrent vers la ville d'Haspres, qui était grosse et bien fosseyée, mais non fermée de portes, quoiqu'elle eût des remparts. Au reste, comme la guerre n'était point déclarée entre le Hainaut et la France, et que le comte Guillaume, au contraire, passait pour être rentré en la grâce de son oncle, les habitants n'avaient nul doute ni défiance ; si bien que les Français en entrant trouvèrent chacun bien tranquillement endormi dans sa maison, son logis ou son hôtel : tout fut donc à leur volonté, or et argent, draps et joyaux ; aussi ne s'en firent-ils pas faute, et quand ils eurent tout pris, ils mirent le feu en la ville, et la brûlèrent si nettement que rien n'y demeura debout, excepté les murailles qui l'entouraient ; puis, chassant devant eux tout leur pillage qu'ils avaient chargé sur des voitures et chevaux, ils s'en retournèrent devers Cambrai.

Comme cet évènement s'était passé

sur les neuf heures du soir, un courrier qui était parti de la ville au moment où les Français venaient d'y entrer, accourut à toute bride à Valenciennes, et y arriva vers minuit, afin d'en donner la nouvelle au comte Guillaume, qui dormait tranquillement en son hôtel de la Salle, sans se douter qu'on lui pillait et brûlait sa ville ; à la première nouvelle qu'il en eut, il se jeta en bas de son lit, s'arma en toute hâte, fit réveiller ses gens, courut lui-même à la place du marché, et donna ordre que l'on sonnât à volées les cloches du beffroi. A ce signal d'alarme, chacun se réunit et le comte de Hainaut, suivi des plus hâtifs et laissant aux autres l'ordre de le rejoindre, sortit de la ville chevauchant rudement en grande volonté de trouver ses ennemis.

En arrivant sur une montagne qui domine tout le pays des environs, il vit dans la direction de Magny une grande lueur, qui indiquait clairement que la ville était en flamme; il en reprit une nouvelle ardeur et était déjà au tiers du chemin à peu près, lorsqu'un second courrier vint lui apprendre que les Français étaient retirés avec leur butin et leurs prisonniers, et qu'il était inutile qu'il allât plus loin.

Ces dernières nouvelles lui étaient arrivées près de l'abbaye de Fontenelles, où était madame sa mère ; de sorte qu'au lieu de retourner à Valenciennes, il s'en alla tout courroucé demander l'hospitalité à l'abbesse, disant qu'il ferait payer cher au royaume de France cette surprise et cet incendie de Haspres, que rien ne pouvait autoriser : la bonne dame fit tout ce qu'elle put pour calmer son fils, et excuser le roi Philippe, qui était son frère ; mais le comte Guillaume ne tint note de ses raisons, si bonnes qu'elles fussent, et il jura qu'il ne serait content que lorsqu'il aurait rendu à son oncle le double de ce qu'il venait de lui faire.

Aussi à peine fût-il de retour à Valenciennes qu'il fit écrire et envoya des lettres à tous les chevaliers et prélats de son pays, leur enjoignant d'être à Mons en Hainaut au jour qu'il leur assignait. Les nouvelles en vinrent rapidement à messire Jean de Hainaut en sa terre de Beaumont, et comme il s'était toujours fermement tenu pour le roi d'Angleterre, il monta vitement à cheval pour aller offrir ses services à son neveu, et chemina si rapidement qu'il fut le lendemain à Valenciennes, où il trouva le comte en son palais de la Salle.

Celui-ci ne le sut pas plus tôt venu qu'il alla au-devant de lui, et comme il l'apercevait à peine : — Ah! bel oncle, lui dit-il sans lui donner le temps de s'approcher, voici votre guerre aux Français grandement embellie.

— Beau neveu, répondit le sire de Beaumont, Dieu soit loué, et ce que vous me dites-là me fait grand plaisir, quoique ces paroles vous soient soufflées par l'ennui et les dommages que l'on vient de vous causer; mais aussi vous étiez trop porté au service du roi Philippe, et il n'est pas mal que vous éprouviez comment il récompense. Maintenant regardez de quel côté vous voulez entrer en France; et mettez-vous en chemin: de quelque côté que vous entriez, je vous suis.

— Bien, bien, répondit le comte ; demeurez en ces bonnes dispositions ; car je suis aussi pressé que vous, et la chose se fera brièvement.

En effet, dès le lendemain du jour indiqué pour l'assemblée où chacun se trouva, messire Thibaut Gignos, abbé de Créspy fut chargé des lettres de défiance du comte et de tous les seigneurs, barons et chevaliers du pays, et, tandis qu'il les portait à Philippe de Valois, le comte se pourvut de gens d'armes, manda tous ceux des pays du Brabant et de Flandre ; de sorte qu'au retour de son envoyé, il avait dix mille armures de fer. Elles furent à peine rassemblées que le comte se dirigea à leur tête vers la ville d'Aubanton, qui était une grosse ville où il y avait grand commerce de draperies et de toile.

Quelque diligence qu'ils eussent faite, ils ne la prirent point au dépourvu ; car ses habitants s'étaient fort défiés de tous ces armements du comte Guillaume et de son oncle, messire de Beaumont. Ils avaient en conséquence envoyé vers le bailli de Vermandois pour lui demander secours ; de sorte que celui-ci leur avait donné le seigneur de Vervins, le vidame de Châlons et messire Jean de la Bove, avec trois cents armures de fer à peu près : ils trouvèrent la ville en assez mauvais état de défense ; mais ayant quelques jours devant eux, ils creusèrent les fossés, renforcèrent les murailles, établirent des barrières en dehors des fossés et attendirent leurs ennemis. Le vendredi suivant ils les aperçurent qui débouchaient d'une forêt appelée le bois de Tiérache, et qui, arrivés à un quart de lieue à peu près, s'arrêtèrent sur une colline pour considérer de quel côté la ville était le plus prenable : cet examen fait, ils établirent leurs logis ; puis le lendemain, au point du jour, ils se partagèrent en trois compagnies, l'une sous la bannière du comte Guillaume, la deuxième sous celle de messire Jean de

Beaumont, la troisième, sous celle du sire de Fauquemont, et s'avancèrent vers la ville. Les assiégés, de leur côté, répandirent force arbalêtriers sur les murailles, s'établirent derrière les barrières; puis profitant du moment de répit qui se trouvait encore entre la jonction des deux armées, le vidame de Châlons fit chevaliers ses trois fils, qui étaient trois beaux et braves jeunes gens, formés à bonne école et experts dans les armes.

L'assaut commença avec un acharnement qui prouva à ceux de la ville que la guerre était de vengeance et d'extermination, et qu'en cas de défaite il n'y avait pas de merci à attendre : au lieu de se laisser intimider par cette perspective, ils en reprirent un nouveau courage, et répondirent de la même manière. Cependant, malgré la grêle de flèches et de viretons qui pleuvait sur lui, le comte de Hainaut arriva le premier aux barrières et y trouva le vidame de Châlons et ses trois fils : presque en même temps, sur le pont, messire Jean de Beaumont attaquait le seigneur de Vervins, son ennemi personnel, qui lui avait brûlé et pillé sa ville de Chimay : des deux côtés, le choc était terrible. Ceux des remparts faisaient tomber sur les autres des pierres, des poutres et de la chaux De leur côté, les assaillants brisaient les barrières à grands coups de hache, et, avec leurs longues lances, dardaient ceux qui voulaient s'en approcher pour les défendre : enfin une barrière fut rompue, et l'on en vint main à main. Ce fut en ce moment que les trois jeunes gens, que leur père venait de nommer chevaliers, voulurent gagner leur chevalerie, et, tandis que le vidame de Châlons faisait face au sire de Fauquemont, s'élancèrent au-devant du comte Guillaume ; mais celui-ci était un puissant et adroit chevalier : du premier coup de son épée, il traversa la targe et la cuirasse de l'aîné des trois jeunes gens, et cela si durement que le fer lui en ressortit derrière les épaules ; les deux autres le virent tomber; mais, sans s'occuper de lui porter un secours inutile, car ils pensaient bien qu'il était mort, ils attaquèrent à leur tour le comte, qui semblait avoir la force d'un géant, et leur rendait à grande ardeur les coups qu'il recevait d'eux; cependant, comme ils le pressaient l'un avec une lance, l'autre avec une épée, et qu'il ne pouvait atteindre celui qui le frappait de la lance, il commençait à être en grand péril, lorsque l'un des deux jeunes gens aperçut son père rudement serré par le sire de Fauquemont; pensant que son frère se défendrait bien seul, emporté d'ailleurs par un sentiment plus profond vers l'un que vers l'autre, il s'élança à son aide au moment où le sire de Fauquemont, armé d'une masse, après l'avoir renversé, essayait de l'assommer dans son armure qu'il n'avait pu entamer avec son épée. Attaqué subitement par derrière, le sire de Fauquemont fut forcé d'abandonner le vieillard et de faire face au jeune homme ; pendant ce temps, ceux de la ville tirèrent à eux le vidame de Châlons presque évanoui ; mais son casque ayant été rouvert, il reprit presque aussitôt ses sens, et revint à son tour à l'aide de son fils, comme son fils était venu à la sienne.

Pendant ce temps le comte de Hainaut

se combattait à l'autre jeune homme ; c'était celui qui l'attaquait avec une lance ; Guillaume vit bien qu'il n'en finirait que difficilement avec son adversaire, tant qu'il lui laisserait cette arme entre les mains. D'un revers de son épée il coupa donc le bois de la lance si franchement que le bout armé de fer tomba sur le sol, où il demeura enfoncé ; le jeune homme jeta loin de lui le bâton, qui ne pouvait plus lui servir à rien, et se baissa pour ramasser une hache qu'il avait préparée derrière lui au cas où sa lance se briserait. En ce moment Guillaume de Hainaut rassembla toutes ses forces, et, levant son épée à deux mains, il en asséna un si rude coup derrière la tête de son ennemi, où le casque était moins fort, qu'il l'ouvrit comme s'il eût été de cuir, et que la lame pénétra dans le cerveau, si bien que le jeune homme tomba comme un bœuf sous la masse, sans avoir le temps même de crier merci à Dieu.

Lorsque le père vit tomber ainsi ses deux enfants, il saisit le troisième par le bras, et, le tirant en arrière, il voulut rentrer dans la ville; mais les assaillants le pressaient de si près qu'ils entrèrent pêle-mêle avec lui.

De son côté, le sire de Beaumont avait fait merveille; l'aspect de son ennemi, le sire de Vervins, avait encore doublé son courage qui était grand ; de sorte que, après une heure de bataille, il avait crevé ou battu les palissades qui, de ce côté, défendaient seules la ville. En voyant cette colère qu'il savait venir droit à lui, le sire de Vervins comprit que, s'il était pris, il n'y avait ni merci ni rançon à attendre ; il se fit donc amener un cheval, fleur des coursiers, et avant que ses adversaires n'eussent leurs montures qu'on leur tenait à dix minutes de chemin, il s'enfuit par la porte opposée, qui était celle de Vervins ; mais on avait fait si grande diligence pour amener les chevaux de messire Jean de Beaumont et de sa suite, qu'au moment où il sortait, comme nous l'avons dit, d'un côté, son ennemi entrait de l'autre à grande course et à grande suite, et sa bannière au vent, traversait la ville sans s'arrêter, passait au milieu des fuyards sans les regarder, n'en voulant qu'à un seul, et arrivait à la porte de Vervins comme celui qu'il poursuivait disparaissait à l'angle de la route, dans un tourbillon de poussière. Alors, pensant que son neveu était suffisamment fort sans lui, messire Jean de Hainaut continua sa poursuite, appelant le seigneur de Vervins lâche et couard, et lui criant de s'arrêter; mais l'autre n'en fit rien, et poussa si durement son coursier qu'il arriva aux portes de sa ville à lui, qui heureusement étaient ouvertes et qui se refermèrent aussitôt qu'il en eut dépassé le seuil. Messire Jean de Hainaut, voyant qu'il n'y avait plus rien à faire, s'en revint sur ses pas, tout courroucé que son ennemi lui eût échappé, et s'en vengeant sur ceux de ses soldats qui fuyaient par la même route, et qu'il avait dépassés sans y faire attention tandis qu'il relançait leur chef.

Pendant ce temps le comte Guillaume était entré dans la ville, et, poursuivant ses ennemis qui s'étaient ralliés sur la grande place, il les avait attaqués et défaits une seconde fois, et, comme nul de ceux-là n'avait cherché à se sauver, tous furent tués ou pris ; puis il rassembla des chevaux et des charrettes à foison, y fit charger tout ce qu'il put trouver de meilleur, et, faisant comme il lui avait été fait, mit le feu aux quatre coins de la ville, brûlant ainsi ce qu'il ne pouvait emporter; puis, lorsque la ville ne fut plus que cendre, il se retira sur la rivière, et le lendemain chevaucha avec son oncle, tout joyeux comme lui d'une si riche vengeance, et se dirigèrent vers le bourg de Maubère-Fontaines.

Ces nouvelles arrivèrent bientôt à Philippe de Valois, qui donna ordre au duc de Normandie, son fils, de se rendre aussitôt en Hainaut avec la plus grosse chevauchée qu'il pourrait réunir, et de tout mettre à feu et à sang sur les terres de son cousin; en même temps il envoya de nouvelles instructions à Hugues Quiéret, à Béhuchet et à Barbevaire, pour qu'ils eussent à garder, sous peine de mort, les côtes de Flandre de manière à ce que le roi Édouard n'y pût débarquer.

De leur côté, quand ceux de Douai, de Lille et de Tournay virent où en étaient les choses, ils mirent sur pied une chevauchée de mille armures de fer et de trois cents arbalétriers, pour faire une course à travers le pays flamand : ils partirent de Tournay le soir à cette intention, et au soleil levant ils arrivèrent près de Courtray qu'ils trouvèrent trop forte et trop bien gardée pour l'enlever d'un coup de main, mais dont ils pillèrent et brûlèrent les faubourgs, se retirant aussitôt derrière la Lys avec le butin qu'ils y avaient pu faire.

Or ceci s'attaquait directement aux bonnes gens de Flandre; de sorte que Jacques d'Artevelle en reçut de grandes complaintes en la ville de Gand, dont il était Rutwaert, et s'en émut, jurant que cette forfaiture serait vengée au pays de Tournaisis : en conséquence, il fit son mandement pour toutes les bonnes villes de Flandre, et en écrivit aux comtes de Salisbury et de Suffolk, qui tenaient, comme nous l'avons dit, pour le roi Édouard, de le venir rejoindre à jour dit, entre la ville d'Audenarde et de Tournay, en un certain pas qu'on appelait le Pont-de-Fer.

Les deux comtes d'Angleterre firent répondre qu'ils y seraient au jour assigné.

En conséquence ils se mirent en route pour tenir leur promesse; guidés par messire Wafflard de la Croix, qui connaissait le pays, y ayant longtemps guerroyé; mais il advint que ceux de Lille apprirent cette chevauchée qui n'était composée en tout que de cinquante lances et de quarante arbalétriers, et, partant de la ville à peu près au nombre de quinze cents hommes, dressèrent trois embûches, afin que de quelque côté que passassent les comtes de Suffolk et de Salisbury, ils ne pussent leur échapper. Cependant tout cela n'eût mené à rien, car messire Wafflart leur avait fait prendre un chemin de traverse, qui les eût conduits par une autre voie si le hasard n'eût fait qu'une tranchée nouvellement faite n'eût traversé la route qu'ils avaient prise. A la vue de ce fossé fraîchement et profondément creusé, messire Wafflart demeura fort empêché, et donna le conseil aux chevaliers de s'en retourner sans s'inquiéter du rendez-vous ; car tout autre chemin, leur dit-il, que celui qu'il leur faisait prendre et qu'ils ne pouvaient continuer les mettaient en péril ; mais les chevaliers ne voulurent entendre à rien, et, se prenant à rire des craintes de leur guide, ils lui ordonnèrent de changer de route et d'aller en avant ; car ils étaient engagés envers Jacques d'Artevelle et ne voulaient pour aucune chose manquer à leur parole. Alors messire Wafflart y consentit ; mais, faisant un dernier effort pour les détourner de ce projet, avant de reprendre sa marche : — Beaux seigneurs, leur dit-il, il est vrai que vous m'avez pris pour guide en ce voyage, et que, de mon côté, je me suis chargé de vous conduire; or je vous guiderai et conduirai par telle route qu'il vous conviendra; car je n'ai qu'à me louer de votre compagnie; mais je vous préviens que s'il advient que ceux de Lille nous attendent dans quelque embuscade, comme toute défense serait inutile, je pourvoirai par la fuite au salut de mon corps, et cela le plus vitement que je pourrai. — A ces paroles, les chevaliers se mirent à rire, et lui répondirent que, pourvu qu'il marchât en avant et les mît au chemin qui devait les conduire au

Pont-de-Fer, ils le tenaient d'avance pour excusé de tout ce qu'il croirait devoir faire en cas de rencontre. Ils continuèrent donc leur route, riant et devisant sans penser que dût s'accomplir la prédiction de messire Wafflart, lorsqu'au moment où ils venaient de s'engager dans un ravin tout garni de buissons et d'arbres épais, ils virent tout-à-coup se lever et luire tout autour d'eux les casques d'une troupe d'arbalêtriers criant : — A mort! à mort, les Anglais! — et qui, joignant aussitôt l'action aux paroles, firent tomber sur les chevaliers une grêle de viretons et de flèches. Au premier cri et au premier trait, messire Wafflart, qui vit que ce qu'il avait prévu arrivait, tourna son cheval, se tira de la presse, et, criant aux chevaliers d'en faire autant, s'enfuit à toute bride, comme il avait dit qu'il agirait; mais ceux-ci n'en voulurent rien faire, et messire Wafflart, tout en fuyant, s'étant retourné, les avait vus mettre pied à terre pour se défendre plus durement. C'était tout ce qu'il en savait, les ayant alors perdus de vue, et nul de ceux qui les accompagnaient n'étant retourné en arrière excepté lui, qui avait prévenu l'écuyer du comte du méchef arrivé à son maître, et l'avait envoyé en Angleterre en porter à la comtesse la mauvaise nouvelle.

Édouard et Jean de Neufville écoutèrent avec grand intérêt ce récit qui leur venait de Flandre ; car depuis qu'ils chevauchaient sur les marches d'Écosse ils ignoraient entièrement ce qui s'était passé outre-mer. Aussi le roi récompensa-t-il largement le messager pour la diligence qu'il avait mise à s'acquitter de sa mission, et le renvoya aussitôt dans l'attente où il était du retour de Guillaume de Montaigu.

Cependant la nuit s'avançait, et Guillaume ne revenait pas : enfin minuit ayant sonné, Jean de Neufville et

Édouard se retirèrent dans les cham-
bres qu'on leur avait préparées ; mais
Édouard, au lieu de se déshabiller et de
se mettre au lit, se contenta d'ôter son
haubergeon, et demeura debout et agité,
se promenant de long en large dans sa
chambre : c'est que des idées mauvaises
lui venaient, et qu'il pensait que le
comte, prisonnier ou mort, laissait sa
femme sans défense et à sa merci. Il se
promenait donc les bras croisés, le cœur
plein de désirs adultères et le visage sou-
cieux ; puis de temps en temps il s'arrêtait devant la fenêtre, regardant à l'extrémité de l'aile du bâtiment qui s'avançait en retour, la petite fenêtre en ogive,

à travers les vitraux coloriés de laquelle brillait la lampe de l'oratoire. C'était là qu'Alix, qui avait refusé de le recevoir, sachant peut-être qui il était, et pour cette cause, priait, dans l'amour et la candeur de son âme, le Seigneur tout-puissant pour son mari mort ou prisonnier. Alors Édouard, la tête appuyée contre la fenêtre et les regards toujours fixés sur cette lumière, voyait avec les yeux de la pensée ce beau visage qu'il avait toujours contemplé souriant, baigné par les larmes et contracté par les sanglots, et il lui en paraissait plus désirable encore; car la jalousie doublait l'amour, et il eût ressenti une joie inouïe et inconnue à essuyer avec ses lèvres, ces pleurs qui coulaient pour un autre.

Alors il prit la résolution de voir la comtesse, ne fût-ce qu'un instant, et de lui parler, afin, après tant de fatigues et de guerres, d'être réjoui une fois encore par le bruit harmonieux de ses paroles : la lumière brillait toujours à l'oratoire, faisant étinceler dans la nuit, comme des rubis et des saphirs, les vitraux coloriés qui représentaient les robes et les manteaux des saints. Il se dit que là était éclairée par cette lumière cette femme que, depuis trois ans, il aimait sans le lui avoir dit jamais, et sans intention, sans volonté, poussé par une force irrésistible, il ouvrit la porte, s'engagea dans le corridor obscur au tournant duquel il aperçut devant lui, comme au bout d'un long cloître, le rayon qui passait à travers la porte entr'ouverte, et venait éclairer d'une ligne brisée l'angle du mur et les dalles du passage. Il s'avança alors sur la pointe du pied et retenant son haleine jusqu'à l'entrée de la chapelle ; puis, arrivé là, il aperçut, en plongeant son regard jusqu'à l'autel, la comtesse agenouillée sur les carreaux, les bras pendants et la tête appuyée sur son prie-Dieu, en même temps un homme appuyé contre une colonne et qui s'y tenait si immobile qu'on l'eût pris pour une statue, leva le bras en signe de silence, et comme s'il se fût détaché de la pierre, s'avança vers Édouard sans que ses pieds en se posant sur les dalles armoriées fissent plus de bruit que ceux d'un fantôme : le roi reconnut Guillaume de Montaigu.

— Je venais chercher une réponse, Messire, lui dit-il, voyant que vous ne l'apportiez pas et ne sachant quelle cause pouvait vous retenir.

— Regardez, Monseigneur, dit Guillaume, — tout en priant et pleurant, cette ange s'est endormie.

— Oui, reprit Édouard, et vous attendiez qu'elle se réveillât.

— Je veillais sur son sommeil, Monseigneur, dit Guillaume; c'est un devoir qui m'a été confié par le comte, et qui m'est d'autant plus sacré aujourd'hui que je ne sais pas si à cette heure il ne regarde pas du ciel comment je m'en acquitte.

— Et vous passerez la nuit ici? demanda Édouard.

— Je demeurerai au moins jusqu'à ce qu'elle ouvre les yeux; alors, Monseigneur, que faudra-t-il que je lui dise de votre part?

— Dites-lui, répondit Édouard, que la prière qu'elle a adressée au ciel a été entendue sur la terre, et que le roi Édouard lui jure sur son honneur que si le comte de Salisbury est vivant, il sera mis à rançon, et que s'il est mort, il sera vengé.

A ces mots, le roi, s'éloignant à pas lents, rentra dans sa chambre plus affermi que jamais dans son amour, et, s'étant jeté tout habillé sur son lit, il réveilla, dès que le jour parut, messire Jean de la Neufville, et quitta le château de la comtesse de Salisbury, sans lui avoi rparlé, et attendant tout de l'avenir et des évènements qu'il amène avec lui.

FIN DU DEUXIÈME VOLUME.

10 vol. in-8, papier fin, ornés de Portraits, Vues et Titres gravés, publiés en 80 livraisons,

A 50 CENTIMES.

PUBLICATION NOUVELLE A 50 CENT. LA LIVRAISON.

MÉMOIRES DE WALTER SCOTT,

COMMENCÉS PAR LUI-MÊME ET CONTINUÉS PAR SON GENDRE J. G. LOCKHART,

TRADUITS PAR A. J. B. DEFAUCONPRET, AVEC DES NOTES PAR AMÉDÉE PICHOT.

COMPLÉMENT DE TOUTES LES ÉDITIONS
DES ŒUVRES DE WALTER SCOTT.

Il paraît une ou deux livraisons par semaine. Les personnes qui paieront 20 livraisons d'avance les recevront franc de port à Paris.

Comprenant, outre les Mémoires annoncés ci-dessus, ses OEuvres littéraires, classées dans un nouvel ordre, et formant une Histoire complète de la Littérature anglaise; savoir : les Mémoires sur Dryden, sur Swift ; les Biographies des Romanciers et Personnages célèbres, les Lettres de Paul, divers morceaux de haute critique; les antiquités provinciales de l'Écosse, les Chants populaires d'Écosse, et les Essais sur le Roman, la Chevalerie, le Théâtre, etc., etc.

Ce COMPLÉMENT des OEUVRES DE WALTER SCOTT, y compris les MÉMOIRES, sera publié en 80 livraisons, formant 10 vol. in-8, papier superfin des Vosges, ornés de Portraits, Vues et Titres gravés. — Le prix de chaque livraison est de 50 centimes.

Les souscripteurs aux diverses éditions des OEuvres de Walter Scott, traduites par M. Dufauconpret, regrettaient de voir que la collection des ouvrages de cet illustre écrivain se bornait à ses romans et à ses poëmes. La librairie de Charles Gosselin et Cⁱᵉ a voulu attendre, pour satisfaire à ce désir, l'apparition des Mémoires de sir Walter Scott, dont M. Lockhart, son gendre, promettait depuis si longtemps de faire jouir le public. Ces Mémoires, traduits par M. Defauconpret, feront donc partie du complément des œuvres de Walter Scott, dont la publication est annoncée aujourd'hui.

Les poëmes et romans de sir Walter Scott seront naturellement les titres les plus populaires de sa grande réputation ; on ne connaît pas cependant tout entier ce vaste génie, si on n'étudie ses œuvres littéraires. Historien, biographe, moraliste, antiquaire, et dans ses divers écrits réunissant toujours l'esprit à l'érudition, l'imagination du poëte au bon sens du critique, Walter Scott est l'auteur le plus varié et le plus complet de la littérature anglaise.

Les lettres inédites de sir Walter Scott et les Mémoires publiés en ce moment à Londres par son gendre, dans le cadre d'une biographie, calquée sur celle de Johnson par Boswel, achèvent de nous révéler le caractère de l'illustre romancier de l'Écosse. Les souscripteurs sauront gré aux éditeurs de leur donner l'occasion d'acquérir ces Mémoires à un prix très peu élevé, en même temps que tout ce qui complète les éditions originales, c'est-à-dire, les Biographies des Romanciers, les Essais sur le Roman et la Chevalerie, le Théâtre et l'Essai sur le Théâtre, les Vies de Dryden, de Swift et de Molière, etc. Un travail curieux sur la poésie anglaise, depuis Chaucer jusqu'à lord Byron, et divers fragments classés dans un nouvel ordre et annotés par M. Amédée Pichot, qui composeront un indispensable supplément aux œuvres de Walter Scott.

PARIS. — IMPRIMERIE DE BOURGOGNE ET MARTINET, RUE JACOB, 30.

www.ingramcontent.com/pod-product-compliance
Lightning Source LLC
Chambersburg PA
CBHW072005150426
43194CB00008B/1006